SUPERVISION ESSENTIALS FOR AEDP

AEDPスーパービジョン実践ガイドブック

カウンセラーの孤独を打ち消し勇気を引き出すアプローチ

ナターシャ・プレン　ダイアナ・フォーシャ　著
岩壁 茂　花川ゆう子　山﨑和佳子　監訳

福村出版

Supervision Essentials for Accelerated Experimental Dynamic Psychotherapy
by Natasha C. N. Prenn, LCSW, and Diana Fosha, PhD

This Work was originally published in English under the title of:
Supervision Essentials for Accelerated Experimental Dynamic Psychotherapy
as a publication of the American Psychological Association in the United States of America.
Copyright © 2017 by the American Psychological Association (APA).
The Work has been translated and republished in the Japanese language
by permission of the APA.
This translation cannot be republished or reproduced by any third party in any form
without express written permission of the APA.
No part of this publication may be reproduced or distributed in any form or by any means
or stored in any database or retrieval system without prior permission of the APA.

Japanese translation published by arrangement with American Psychological Association (APA)
through The English Agency (Japan) Ltd.

●もくじ

まえがき　6
序章　19

第1章　主要な概念　32

場面1　スーパービジョン・セッション1回目のはじまり／安全と探索、オキシトシンとドーパミン／場面2　リスクテイキング、肯定、メタプロセシング、ポジティブ状態の共有／AEDPの7つの重要概念／目標／結論

第2章　エッセンシャル・スキル　73

関係の役割は重要である／スキル／結論

第3章　AEDPスーパービジョンの実際
——AEDPスーパービジョン・セッションのマイクロ分析　100

スーパービジョン・セッション開始の瞬間／セラピー場面1／場面1の後のスーパービジョン／セラピー場面2／場面2の後のスーパービジョン／セラピー場面3／場面3の後のスーパービジョン／セラピー場面4／場面4の後のスーパービジョン／セラピー場面5／場面5の後のスーパービジョン／セラピー場面6／場面6の後のスーパービジョン／セラピー場面7／場面7の後のスーパービジョン／セラピー場面8／場面8の後のスーパービジョン／セラピー場面9／場面9の後のスーパービジョン／セラピー場面10／場面10の後のスーパービジョン／結論

第4章　実践的な課題　147

AEDP スーパービジョン・プロセスにおけるビデオ録画の重要性／評価ではなく記述／結論

第5章　よくある困難　163

違いをスーパービジョンで扱う／異なるアタッチメント・スタイルを扱う／スキル不足もしくは訓練生の障害となるもの／あなたのスーパーバイジーの AEDP 経験レベルに合わせること／スーパーバイジーが熟練者であるとき／事例／結論

第6章　スーパーバイザーの成長とセルフケア　174

スーパービジョンのアシスタント／スーパーバイザーの訓練プログラム／結論

第7章　AEDP スーパービジョンアプローチに関する研究　182

効果的なスーパービジョンに不可欠な資質／AEDP スーパービジョンにおけるアカウンタビリティとビデオの活用 —— アセスメント、自己アセスメント、即時的なフィードバック／スーパービジョンにおける共通要因／卓越さへの道としての AEDP スーパービジョン／変容を喚起するスーパービジョン／結論

謝辞　198
あとがき　201
文献　204
索引　221

まえがき

　スーパービジョンは、カウンセリング・心理療法訓練の中で最も重要であると言われている。The Society for Psychotherapy Research（SPR）という心理療法研究の学会の共同プロジェクトチームは、世界40か国1万2000人以上の心理療法の実践家を対象としてサーベイ調査を実施した（Rønnestad et al., 2019）が、研究協力した臨床家は一様に、自身の職業的成長と発達でスーパービジョンが最も大きな影響をもっていると感じていた。スーパービジョンは、グループの形式でも実施されるが、一対一の個人スーパービジョンが基本にある。より経験やスキル修得レベルが浅い臨床家（スーパーバイジー）が、自身よりも経験豊富の臨床家スーパーバイザーから、信頼に基づく安全な対人関係の中でスーパーバイジーの成長や学びを目指すというスーパービジョンの構造は、カウンセリングの構造と近似しており、カウンセリング・心理療法の強力な学習・訓練の場となる。多くの国の心理士の資格制度ではスーパービジョンを受けることが認められる。たとえば、アメリカの家族療法とカップルセラピーのカウンセラー資格は、大学院修士課程を修了後に、100時間のスーパービジョンを受けてようやく認められる。スーパービジョンは、臨床家にとって、自身の訓練のために「受ける」だけでなく、自らが「行う」仕事の1つである。前述の共同研究によると、臨床経験を15年くらいもつと約85%から90%の臨床家がスーパーバイザーとして指導を行っていた（Rønnestad et al., 2019）。つまり、臨床家としての仕事はスーパービジョンと切っても切り離せない関係にある。

　多くの臨床家は、著名な臨床家や、憧れる臨床家からスーパービジョンを受けたいと思っている。しかし、臨床経験が豊富で、優れた臨床スキルや理論的知識をもっているとされる心理臨床の「大家」でも、必ずしも優れたスーパー

バイザーとは限らない。長年にわたり心理療法を受けたクライエントが、そのまま良い臨床家になれるわけではないのと同様に、臨床家としてのスキルを積み上げたからといってスーパービジョンを効果的に行うための理論知識やスキルをもっているということにはならない。スーパービジョンを効果的に行うためには、臨床家としてのスキルに加えて、スーパービジョン独自の知識やスキルが要求される。心理療法の介入の仕方に関してはとても多くの専門書が出版されてきたのに比べると、スーパービジョンに関しては驚くほど専門書や論文が少ない。さらに、スーパーバイザーとしての訓練は少ない。特に日本では、単発のスーパービジョンに関する研修はあるが、より長期的にシステマティックな研修を受けることができる機会はあまりない。

　スーパービジョンは最も大切な臨床訓練であると認識されており、経験豊富な臨床家によるマンツーマンによる個人指導であるから、常に充実して肯定的な学びが可能になるのかというと、決してそうとは限らず、さまざまな問題が起こることが実証研究によって報告されている。エリスらが行ったサーベイによると（Ellis et al., 2010）、75%の大学院生が、スーパーバイザーがスーパーバイジーの訴えや言い分を聞いてくれない、セラピストとクライエント、またはスーパーバイザーとスーパーバイジーの間にある文化差と関わる事柄（ジェンダー、民族、宗教、価値観）に関心をもたない、スーパーバイザーと葛藤・衝突してそこから抜け出せない、冷たく感情的に距離がある、スーパーバイザーがスーパーバイジーを尊重してくれない、などといった不適切なスーパービジョンを受けたことがあるという。
　さらに、50%が有害なスーパービジョンを受けた経験をもっていた。有害というのは、多重関係やスーパーバイザーによる攻撃をはじめとして、倫理的になんらかの問題があり、スーパーバイジーにとってスーパービジョンが傷つき体験になっているような例を指す。有害なスーパービジョンについて、ジェイコブセンらの研究（Jacobsen et al., 2009）が詳しい。この研究は、デンマーク

の252人のセラピストを対象とした。そのうち9%の協力者が、自身が受けたスーパービジョンは有害だったと回答した。有害とされる理由は、スーパーバイザーとしての知識やスキルを欠いている、臨床的な問題についても捉え違えている、スーパーバイジーの抱える問題を十分に把握していないなど、スーパーバイザーの理解や指導力が足りないことも報告された。スーパーバイザーはヤル気がなく、スーパーバイジーのヤル気も起こそうとさえしない、余計な口出しをするのを恐れ口数が少ない、スーパービジョン中に居眠りする、など消極的な姿勢も見られた。さらに、スーパーバイジーのニーズに無頓着であり、批判的であら探しをするばかりのスーパーバイザーもいた。スーパーバイザーは、支援活動の質を確保するゲートキーパー、または管理者としての役割ももつため、スーパーバイジーができていないところを補うことも重要な役割の1つである。しかし、スーパーバイジーにできない部分だけを指摘されていたら、スーパーバイジーが自分の臨床力に自信をもったり、自分が伸ばすべき力に集中することは難しくなるだろう。メーアら（Mehr et al., 2010）の研究によると、ほとんどの院生が、自分の失敗であったり、スーパーバイザーから咎められるであろうと予想できることをスーパーバイザーから「内緒」にして報告しないことがあるという。もし、本当に困っていることが言えなくなってしまったら、スーパービジョンの効果はかなり減じてしまうだろう。

　スーパーバイジーは、スーパービジョンを求めるとき、尊敬する臨床家、自分が目指すアプローチの先輩を選ぶ傾向にあり、スーパービジョンは、徒弟制度的性質が強くある。ふたりの間には臨床スキル、臨床経験という点での大きな上下関係がある。そのため、スーパーバイジーは、スーパーバイザーに対して、強い憧れや尊敬、または依存的な気持ちや批判の恐怖も感じやすい。このような一般的に受け入れられ疑問視されていないような徒弟関係というべき上下関係は、実際のところ臨床訓練に悪影響を与えるということが指摘されている。

　2016年以降、アメリカ心理学会（以下APA）から、11のスーパービジョン

アプローチの DVD シリーズと各アプローチの解説書が刊行された。本書はこのシリーズの 1 冊である。このシリーズはスーパービジョンの実際に関する数少ない貴重な教材となっている。さまざまなアプローチのスーパービジョンが比較できるし、スーパーバイザーのスタイルの幅も知ることができる。筆者は、スーパービジョンや臨床訓練について研究をしていたため、本シリーズの登場を心から喜んだ。そして、わくわくしながら、DVD シリーズを視聴した。2017 年には、本シリーズの監修者のひとりであるハンナ・レヴェンソン氏を日本心理臨床学会の年次大会に招き、スーパービジョンのワークショップやライブデモンストレーションを企画させていただいた。AEDP だけでなく、さまざまな心理療法アプローチとスーパービジョンに詳しいレヴェンソン氏のライブデモはとても見応えがあった。同時通訳を介してのセッションであったが、スーパーバイジーの関心にぴたりと焦点が当てられ、今ここでのスーパーバイジーの気持ちをとても丁寧に受け取り、スーパーバイジーがクライエントに対して抱く扱いにくい感情を言葉にするのを手伝い、さらにその気持ちをクライエントとの間に起こっている困難の理解に活用した。最終的にはどう対処するのか、ということをアドバイスするのではなく、スーパーバイジーの気づきを導き、スーパーバイジー自身の中から答えを引き出した。温和さがずっと変わらず流れながら、困難な課題も着実に扱うところは、本書のアプローチに大いに通じる。

　筆者は本シリーズのビデオを観てきたが、どのアプローチからも学ぶところが多い。基礎となるスーパービジョンの理論モデルも興味深いし、それぞれのスーパーバイザー個人のスタイルやパーソナリティがどのように現れるのかということも、とても印象に残った。筆者自身の訓練の初期に受けられたらよかったと思うスーパービジョンもあれば、より高度であり、経験を積んだ後に受けるとよさそうだと思うスーパービジョンもあった。また、今後ぜひ受けてみたいというスーパービジョンもあった。

AEDPのスーパービジョンは、このような異なるモデルの中でも際立った特徴がいくつかあった。1つは、プロセスを扱う点であり、スーパーバイザーとスーパーバイジーの関係に焦点を当てて、それを積極的に扱う点である。「今、ふたりでやっていて息は合っていますか」と少しぎこちなさが残るような日本語に訳しているが、原語では"how are we doing?"（「私たちふたりの調子はどうですか」）という質問がセッションを通して数回出てくる。スーパーバイザーはスーパーバイジーに波長が合っているのか常に確かめながら進めている。これは、AEDPのセラピーの特徴でもあり「関係」を重視するだけでなく「関係」について話し合いそれを「改善」し「変えて」いけるということをモデリングしている。この体験は、アタッチメントに基盤を置くことの表れであり、また、同時に体験指向的でもある。このような姿勢は、専門家であるスーパーバイザーのやり方に、スーパーバイジーが合わせるというようなやり方と大きく異なっている。スーパービジョンの研究では、スーパーバイジーとスーパーバイザーの間に作られるスーパービジョン同盟の重要性が実証研究においても指摘されてきた。スーパーバイジーから見たスーパービジョン同盟の強さは、スーパービジョンの満足度と高い相関をもっているだけでなく、スーパーバイジーがクライエントとの間に作る作業同盟の質とも関連がある（Park et al., 2019）。加えて、スーパーバイザーとスーパーバイジーの同盟は、クライエントの問題や症状の改善度とも関連していることがわかっている（DePue et al., 2022）。スーパーバイザーが積極的にスーパーバイジーとの関係を確かめながらスーパービジョンセッションを進めていくことは、AEDPのセラピーにおいても重視される関係性スキルである。それは、スーパービジョンの効果研究にも支持を受けており、おそらくAEDPに限定されず役立つスキルであろう。

　次に、ポジティブ指向である。スーパービジョンにおいて学習ができていないところから始めるのではなく、強みに焦点を当てていく。普段、本人ができて当たり前として通り過ぎてしまうようなことも、あえて立ち止まり、それを丁寧に拾い上げ、焦点を当てる。その1つは、本デモンストレーションで見られたが、スーパーバイジーが自分の抱えている問題や課題について開示する

場面である。スーパービジョンでは、スーパーバイジーが自分ができないこと、困っていることを話すのは当たり前とされる。しかしこの当たり前のことは容易ではない。自分が尊敬するスーパーバイザーに自分ができないことを話すと、恥をさらしているような気持ちや自分が臨床家として不適任であるという気持ちが起こりやすい。「こんなこともできない」「こんなこともわかっていない」と思われてしまうのではないかという不安がよぎるだろう。上に挙げた研究が示すように、スーパーバイジーの大多数は、スーパービジョンにおいて、本当に困っていることを言えない。そのため、スーパービジョンが安全な環境であり、スーパーバイザーがポジティブであることは、一般的に考えられている以上に重要な要素である。臨床家は、ふつう大学で良い成績を収めた高学歴者である。すでに高い水準の訓練を積んできた臨床家にとって、学びにおける失敗やそれを意識させられることは、感情的傷つきを引き起こしやすい。また、心理療法におけるセラピストのできなさは、なんらかの形でセラピストの人格的な「欠陥」の表れであるような感覚を引き起こしやすい。クライエントの気持ちを正確にくみ取れなければ、自分の共感力または感受性が低いのではないかと自信が揺らぐ。複雑な概念がわかっていなければ、その知識を得る機会がたまたまなかったというよりは、自分が知的に低い、または無知、不勉強と思われてしまうのではないかと不安を覚えやすい。不安が強ければ安全な場所へと避難し、知的な冒険はしなくなってしまう。学習は知的資源、感情的資源を広げることによって起こるため、スーパーバイジーのもつ不安をできるだけ軽減して、本当に学びたいこと、本当に困っていることをそのまま直接扱えるように手伝う必要がある。AEDP スーパービジョンのポジティブ指向は、スーパービジョンにおいて起こりやすい学習を阻害するこのような障壁を迂回するのにとても効果的だと考えられる。

　このポジティブ指向は、スーパーバイジーに足りないことを指摘したり、知識を教えるという姿勢とは大きく異なる。ついつい指導者が陥りやすいのは、「……とは」ということを説明し、できていないことを「教える」という姿勢である。飴と鞭というようにできたときに、褒めることによって褒美を与え、

できていないときに、罰も与えてバランスをとるべきだと考える指導者もいる。枠や役割からの逸脱を厳しく追求したり、スーパーバイジーを感情的に支配するようなやり方をよしとする考え方もある。臨床訓練を受けてそこから吸収できるようになるためには、じゃじゃ馬ならしのように、訓練生が完全にスーパーバイザーへの服従を受け入れさせるべく、泣かせるまで徹底的に自分の足りない部分に向き合わせるのがよいという意見を聞いたこともある。AEDPのポジティブ指向は、このようなやり方とは対照的である。確かに必要な知識を補うことも必要である。そして、もしスーパーバイジーの誤解があればそれを指摘することも役立つ。しかし、反省的な指向を養い、勇気をもって自分の課題に取り組む姿勢を作るのには、冒険する気持ちや勇気を称賛し、それを高めるのを応援することが必要である。

このポジティブ志向は、AEDPスーパービジョンにおいて、初心者と経験者のスーパーバイジーと作業する上で異なった役割をもっている。初心者のセラピストは、失敗することを恐れ、萎縮している。もう一方で、経験者は、すでに他の心理療法の知識や経験も豊富である。しかし、AEDPに移行したとき、それまで実践してきた比較的受け身とも言える聞き方をそのまま踏襲したり、ポジティブなクライエントの傾向（トランスフォーマンス）を見落としたり、よく似たミスをしやすい。「頭ではわかっているのに」身体がうまく反応せず、歯がゆい思いをすることがよくある。そして、臨床経験が豊富であるからこそ、できないことにより大きなフラストレーションを覚え、失敗に敏感になってしまうところもある。長年、実践家として活動していれば、再度訓練を受けるということにかなり心理的負担を感じることもある。そのような中で彼らがこれまでの臨床経験を活かしながら、新しい考え方や関わり方を試せるようにスーパーバイザーのポジティブ指向が極めて重要な役割をもつ。

筆者は、AEDPの効果とプロセスの研究に携わってきた（Iwakabe et al., 2020, 2022）。その中で数多くのAEDPセラピストの面接を視聴することができた。そして、ほぼ毎週実施されるグループスーパービジョンに参加したり、その様子の録画ビデオを視聴し、個人スーパービジョンの録画にも数多く触れること

ができた。研究に協力してくださったのは、かなり高い水準に達したセラピストと認定スーパーバイザーおよびそれ以上の指導的立場にある臨床家だった。面接においてセラピストが遭遇する困難な場面をどのような角度からスーパーバイザーが捉えてスーパーバイジーに伝えるのか、またスーパーバイジーがそれをAEDPのアプローチという枠の中で、どのようにひとりの臨床家のスタイルや理解に落とし込んでいくのか、などについて見ていくことを許されるのはなんという貴重な機会だろうか。困難に向き合う問題解決の作業だけでなく、時にわっと驚くばかりの良い場面があったときに、スーパーバイザーが喜びを押さえることなく表現し、共有する学びや職業的成長のあり方についてとても納得させられたし、AEDPスーパービジョン固有の素晴らしさがあることを間違いなく実感した。

　AEDPのポジティブへの偏向は、セラピストが、できるだけ客観性と中立性を保つことを基盤としてクライエントの現実検討の偏りを修正し、その病理を修復するという臨床観をもってきた臨床家には、違和感やさらには嫌悪感を引き起こすかもしれない。真剣さが足りない、学ぶ者に謙虚さを教えない、厳密さがない、楽観的すぎる、などという反応もあるだろう。もう一方で個人の心理的成長につながる学習が最も促進される条件や状況についての理解に基づけば（Mezirow, 1997; Watkins, 2020）、AEDPスーパービジョンのポジティブへの偏向がとても理にかなっているのがわかる。

　最後に、感情への焦点である。スーパーバイザーはスーパーバイジーが面接中にクライエントの発言や行動に対してどのように感じたのかということを繰り返し尋ねてくる。また、スーパーバイジーがスーパービジョン中に起こる感情をじっくり体験する時間をとり、それに常に注意を向けている。スーパービジョンが単に情報のやりとりではなく、1つの「体験」であることを強調している。実際に、AEDPの"E"は、"experiential（体験的）"である。不安や恥は、共感し肯定し、その体験をしっかりと受け止め、消化するのを手伝う。そして、ポジティブ感情をじっくりと味わう（savor）時間をとり、そこから起こる認知や体験の広がりを享受する。スーパーバイジーが臨床家としての不安を乗り越

え、自分自身の臨床家としての課題を見出し、職業的自己の変容を体験するのを促進する。学びがスーパーバイジーが最適に成長していくことを促すために、単に知識を得ることにとどまらず、それが、スーパーバイジーの視野が広がるという体験として（または「アハ体験」として）体験されるか、常に追いながら見ていく。

　日本における臨床訓練において、今後どんなことが必要になっていくのだろうか。また、本書に展開されるAEDPのスーパービジョンから何を得ることができるのだろうか。AEDPの理論的知識やそれを臨床現場においてある程度の期間、実践した経験がなければ、本書のスーパービジョンを効果的に実践することは難しい。しかし、本書に解説されたスーパービジョンの姿勢やスキルを取り入れ、自身が行っている臨床指導やスーパービジョンを見直すことは可能であり、とても意義がある。スーパービジョンにおいて、今ここで展開されつつあるスーパービジョンのプロセスに焦点を当てることでスーパービジョン同盟が改善される。それに並行して、スーパーバイジーが面接プロセスをクライエントとの治療関係を深めるために使うことを学べるだろう。ポジティブなことに着目してそれを伸ばすことによってスーパーバイジーの強みを開拓し、それを高めていくことが促進されるだろう。さらにスーパーバイザーがスーパーバイジーの感情反応に共感的に反応して、スーパーバイジーに合った関係を作ろうと常に努める姿を見て、それをスーパーバイジーの治療関係を作るスキルとして発展させることが期待される。このように本書はスーパーバイザーの自己訓練の起爆剤となるはずである。

　AEDPだけでなく、特定の心理療法アプローチやモデルの認定セラピストの資格を得るためには、時間もお金もかかる。加えて英語で研修や認定試験を受けることも必要かもしれない。認定スーパーバイザーの資格となるとさらにハードルが高くなる。ある特定のアプローチについて学び、そのアプローチの指導者になるには長い道のりがあり、多くの臨床家にとってそれを手に入れる

には、多大なる投資と犠牲が必要とされるのではないだろうか。特定の心理療法モデルを基にしたスーパービジョンは、長い間心理療法全体の発展に寄与してきたし、多くの臨床家が認めるように臨床訓練において極めて重要な役割を担ってきた。もう一方で、理論学派が壁で仕切られてしまい、臨床訓練だけでなく、心理療法全体の発展には望ましくないような学問構造も意図せず作ってきたのではないだろうか。日本では、複数の臨床現場をかけもちしながら、異なる年齢層であったり、多様な問題に対処することを求められることが多い。米国のように、個人開業において、臨床家のアプローチに合った限られた層のクライエントのみに対応するような状況とは大いに異なる。そのため、1つのアプローチについて深く学ぶよりも、複数の異なるアプローチについて広く知り、それらをクライエントや問題状況に合わせて柔軟に組み合わせていくやり方をそれぞれが模索しながら臨床家として力をつけていくというのが、日本における臨床家の職業的成長の一般的なあり方と言えるだろう。本書を手に取る方々の多くも、このような統合的・折衷的な立場からスーパービジョンを実践されるのではないかと想像される。

　スーパービジョンでは、スーパーバイザーが教えたいことよりも、スーパーバイジーの学習ニーズが優先されるべきであろう。スーパーバイジーの学習ニーズを把握した上で、スーパーバイザーが獲得してきた臨床的知を駆使し、もう一方でスーパービジョン理論を参考にして、最適なスーパービジョンの方法を柔軟に決めていくことが求められる。AEDPスーパービジョンでは、スーパーバイジーの反応にスーパーバイザーが常に注意を向けそれに応えようとする（応答性）。そのためにスーパーバイジーとの間に起こっていることに注意を向けるだけでなく、それを話題として取り上げて、オープンに話し合う。ニーズを常にすりあわせ、スーパーバイジーとスーパーバイザーの関係を積極的に作っていくこの姿勢は、AEDPを超えて多くのアプローチのスーパーバイザーに役立つ姿勢である。その他、統合的なセラピストとして、状況特性に合わせて、対応の仕方を変える柔軟性、既存のやり方に固執せず最適な介入を求める創造性、クライエントが混乱しないように、さまざまな異なる要素を矛盾なく

まとめる一貫性、などが求められる。本書に示されたAEDPスーパービジョンにおけるスーパーバイザーの姿勢や手法は、このような統合的スーパービジョンにも矛盾なく、用いることができるだろう。プロセスや関係性への着目は応答性の表れであり、ポジティブ志向は、スーパーバイジーの創造性を後押しする。AEDPスーパービジョンが統合的なスーパービジョンに必要なすべての要素をカバーしているわけではないが、大いに参考になると思われる。

　本書の翻訳はかなりの時間を要してようやく完成に至ることができた。まず、本書の翻訳が決まった頃に、筆者が在籍していたお茶の水女子大学の岩壁研究室の有志が下訳を作った。その後、監訳者3名が原書と訳文を照らし合わせながら、訳を練っていった。AEDPの英語表現を日本語に直すとぎこちなかったり、違和感たっぷりの不自然な表現になってしまうことも少なくなかった。英語であっても、普段の会話をひねったような発言もあり、そこにこめられたユーモアや独特の間を表現するのは簡単ではなかった。多少の違和感を残しながらも、より聞こえの良い表現を作っていくことにかなり苦労した。AEDPの日本語の文献がほとんどない中で、そしてAEDPの実践について学び始めたばかりにもかかわらず、本書を熱心に訳そうと努めてくれた各章の担当者に感謝を申し上げたい。

　また、本書の完成のために、ご尽力くださった福村出版編集部の平井史乃さんに感謝を申し上げたい。翻訳の正確さを大切にしながらも、日本の読者にとってわかりやすい文章を目指して何度も細部にわたって校正してくださった。平井さんの粘り強く、正確なお仕事があったおかげで、ここまでたどり着くことができた。福村出版では、日本でAEDPがほとんど知られていない時期に、AEDPの翻訳をお引き受けいただき、日本のAEDPの出発点とも言える。これまで、自分の思い入れが強い心理療法統合と関わる良書の翻訳にも快くご協力くださった。福村出版の宮下基幸社長は、現日本心理療法統合学会の前身の1つである心理療法統合を考える会にも毎回足を運んでくださり応援してくだ

さった。福村出版編集部に在籍され、数年前に残念ながら他界された故松山由理子氏は、自分にとって、AEDP 的編集者・スーパーバイザーであり、いろいろな局面で職業的成長を支えてくださった。本書の翻訳が福村出版の多大なご協力により可能になったことを心から感謝し嬉しく思う。

　読者が AEDP のアプローチをとるかどうかにかかわらず、本書がスーパービジョンのあり方について再考し、AEDP スーパービジョンの柱となる考え方をもとに、日本の臨床心理学全体における訓練と教育を再考することに役立てれば嬉しい限りである。心理療法の発展に、そして臨床家の成長に欠かせないのは「反省的」な姿勢である。1つのやり方を身につけて満足することでも、それを忠実に再現することはない。1つのやり方をしっかり学び取りながら、常にそのやり方の限界や自身の臨床家としての課題を意識し、もう一方で、そのモデルのメリットを最大限に活かし、自身の臨床家としての技量を最適に発揮することが求められる。当然、それは常にクライエントが必要とすることと照らし合わせ、それに最適な形で応えることに向けられている。

立命館大学総合心理学部
岩壁　茂

文献

DePue, M. K., Liu, R., Lambie, G. W., & Gonzalez, J. (2022). Examining the effects of the supervisory relationship and therapeutic alliance on client outcomes in novice therapists. *Training and Education in Professional Psychology, 16* (3), 253-262. https://doi.org/10.1037/tep0000320

Ellis, M. V. (2010). Bridging the science and practice of clinical supervision: Some discoveries, some misconceptions. *The Clinical Supervisor, 29* (1), 95-116. https://doi.org/10.1080/07325221003741910

Iwakabe, S., Edlin, J., Fosha, D., Gretton, H., Joseph, A. J., Nunnink, S. E., Nakamura, K., & Thoma, N. C. (2020). The effectiveness of accelerated experiential dynamic psychotherapy (AEDP) in private practice settings: A transdiagnostic study conducted within the context of a practice-research network. *Psychotherapy, 57* (4), 548–561. https://doi.org/10.1037/pst0000344

Iwakabe, S., Edlin, J., Fosha, D., Thoma, N. C., Gretton, H., Joseph, A. J., & Nakamura, K. (2022). The long-term outcome of accelerated experiential dynamic psychotherapy: 6- and 12-month follow-up results. *Psychotherapy (Chicago, Ill.), 59* (3), 431–446. https://doi.org/10.1037/pst0000441

Jacobsen, C. H., & Tanggaard, L. (2009). Beginning therapists' experiences of what constitutes good and bad psychotherapy supervision: With a special focus on individual differences. *Nordic Psychology, 61*(4), 59–84. https://doi.org/10.1027/1901-2276.61.4.59

Mehr, K. E., Ladany, N., & Caskie, G. I. L. (2010). Trainee nondisclosure in supervision: What are they not telling you? *Counselling & Psychotherapy Research, 10* (2), 103-113. https://doi.org/10.1080/14733141003712301

Mezirow, J. (1997), Transformative Learning: Theory to Practice. New Directions for Adult and Continuing Education, 1997: 5-12. https://doi.org/10.1002/ace.7401

Park, E. H., Ha, G., Lee, S., Lee, Y. Y., & Lee, S. M. (2019). Relationship between the supervisory working alliance and outcomes: A meta-analysis. *Journal of Counseling & Development, 97* (4), 437-446. https://doi.org/10.1002/jcad.12292

Rønnestad, M. H., Orlinsky, D. E., Schröder, T. A., Skovholt, T. M., & Willutzki, U. (2019). The professional development of counsellors and psychotherapists: Implications of empirical studies for supervision, training and practice. *Counselling & Psychotherapy Research, 19* (3), 214-230. https://doi.org/10.1002/capr.12198

Watkins C. E., Jr (2020). The Psychotherapy Supervisor as an Agent of Transformation: To Anchor and Educate, Facilitate and Emancipate. *American journal of psychotherapy, 73* (2), 57-62. https://doi.org/10.1176/appi.psychotherapy.20190016

序　章

　AEDP（Accelerated experiential dynamic psychotherapy：加速化体験力動療法）は、アタッチメントを基礎とした、包括的、統合的かつ変容遂行的心理療法モデルであり、病理修復的視点よりも、むしろ本来の治癒力や回復力の賦活を伴う癒やし（非病理）志向をとる。体験アプローチを基礎に置くAEDPでは、アタッチメント研究、感情理論、体験的な作業、発達モデル、トラウマ研究、身体志向の治療法そして情動脳神経科学を、その理論の枠組みに包括的に組み入れてセラピーとスーパービジョンを行う。

　AEDPスーパービジョンは、AEDPの理論と臨床実践から生み出された、心理療法アプローチに基礎をもつモデルである。スーパーバイジーはAEDPの体験や、本書に述べるテクニックを学ぶことを通じてAEDPのスキルを発展させ、自らの関係的・感情的能力を高めていく。

　これまでAEDPの実践方法を伝えるには、スーパーバイザーによるスーパーバイジーの指導や、指導者から訓練生への指導、あるいはセミナーやワークショップ、スーパービジョングループで一緒に動画を見る方法しかなかった。本書ではAEDPのスーパービジョンの土台となる基本原則を伝えることで、AEDPスーパービジョンの方法論を初めて明らかにする。本書はまたスーパーバイジーによるAEDPの学びをスーパーバイザーとしてどうサポートするか、ということだけでなく、スーパーバイジーの変容や成長を促進し、よりよい心

理療法家になる手助けをする方法を伝えることを目指している。臨床家は自分のカウンセリング方法を変化させ、自分自身も変容したいと思ってAEDPを学びに訪れる。世界中のAEDP指導者は、AEDPの心理療法セッション動画で大小さまざまな変容を示し、AEDPを教えていく。情動伝染（Hatfield, Cacioppo, & Rapson, 1992）や、共鳴現象（resonance phenomena）（Siegel, 2010），右脳対右脳のコミュニケーション（right-brain-to-right-brain communication）（Schore, 2009），そしてミラーニューロン（Rizzolatti & Craighero, 2004）といった現象の存在を考えれば、AEDPのスーパービジョンやトレーニングを受けにくるセラピストの多くは、AEDPの変容体験に関するフェルトセンス（Gendlin, 1981, 1996）をもっていると考えられる。つまり内臓感覚としてはAEDPが起こす変化のプロセスをすでに知っている（Fosha, 2000a, 2009a）。一度そうした変化の経験をすれば、もっとそうした体験がしたくなるし、クライエントとの作業ではどのようにすればいいか学びたくなるのである。

　序章では、AEDPのスーパービジョンへのアプローチの歴史を簡単に概観した後、治療とスーパービジョンにおける主要なテーマについて述べる。次にふたりの筆者それぞれがAEDPスーパーバイザーになるまでの道のりを述べる。ダイアナ・フォーシャの臨床家としての歩みは、彼女がAEDPを創った歴史と重なっているため、彼女自身が受けた訓練とそこから考えたことについて詳しく述べていく。一方ナターシャ・プレンの臨床家とスーパーバイザーとしての成長は、フォーシャの仕事からスタートし、その後のAEDP研究所と訓練の広がりのプロセスと重なっている。本章の終わりでは本書が対象とする読者について述べ、次章からのロードマップを示す。

AEDPスーパービジョンの起源

　AEDPは、公式には2000年にダイアナ・フォーシャ（2000b）の著作 *The Transforming Power Of Affect: A Model For Accelerated Change*（邦訳：『人を育む愛着と感情の力 ── AEDPによる感情変容の理論と実践』〔2017〕）出版とともに

誕生した。そして、2005 年の AEDP 研究所発足以降、AEDP のモデルは 2 つの方向に成長していった。1 つ目は以下に挙げる研究所の指導者と認定スーパーバイザーの貢献による成長で、その内容は各々の発表した出版物に見られる。アン・クーパー、ロン・フレデリック、カリ・グレイザー、花川ゆう子、ヒラリー・ジェイコブス・ヘンデル、ジェリー・ラマーニャ、ベン・リプトン、デイヴィッド・マーズ、ミリアム・マーソレイス、ジェナ・オシアソン、カレン・パンド‒マーズ、スーアン・ピリエロ、アイリーン・ラッセル、スティーヴン・シャピロ、ジェシカ・スレイタス、バーバラ・スーター、デール・トリンブル、ギル・タネル、ダニー・ヤング。もう 1 つはコンセイサオ、岩壁、エドリンら（Conceição, Iwakabe, Edlin et al., 2016）、フェアスティーンとレヴェンソン（Faerstein & Levenson, 2016）、岩壁とコンセイサオ（Iwakabe & Conceição, 2015, 2016）、リー（Lee, 2015）、ピリエロ（Piliero, 2004）、シェトル（Schoettle, 2009）らによる AEDP に関する研究によるものである。

　AEDP の名前とそのイニシャルは、AEDP が初期に精神力動心理療法、短期力動療法（short-term dynamic psychotherapy: STDP; Malan, 1999）、そして集中的短期力動療法（intensive short-term dynamic psychotherapy: ISTDP; Davanloo, 1990, 2000）とつながりをもっていたことに敬意を表している。AEDP は STDP、特に ISTDP から変容を促進する感情の力について学び、それを自らの理念とした。しかし AEDP は、ISTDP が焦点を当てる直面化や精神内的危機といった概念を、二者間の情動調整の概念で置き換え（Fosha, 2000b, 2001）、共感による働きかけ（Russell, 2015）や肯定（Fosha, 2000a）、ポジティブ体験を優先するようになった（Fosha, 2000a; Russell, 2015; Russell & Fosha, 2008）。さらに最も根本的な変化として AEDP は、STDP と ISTDP の病理に基礎を置く志向を、回復力に基礎を置く癒やし（非病理）志向に置き換えた。ISTDP から AEDP への変化の中で、セラピーへの来談理由となった症状や不適応パターンを、精神病理や自己懲罰（Davanloo, 1990; Della Selva, 1996）の反映として理解する姿勢を離れ、根本的には適応的なプロセスを反映していると考え、尊重するようになった。症状というものが、クライエントの最善を尽くそうとする健康的な努力に

もかかわらず、阻害的な環境からくる困難に対応しきれなかった結果として生じたものだと考えれば、症状に対して中立的で直面化するような姿勢をとるのではなく、「一緒にいながら」、肯定的で、はっきりと共感を示し、感情的にしっかり関わりながら「苦楽もともに協力してやっていきましょう」という姿勢をとるほうが大事なことは理解できるだろう。

　こうしたAEDPの原則はすべて、AEDPスーパービジョンにも生きてくる。この後の章で説明するように、癒やすことや孤独を打ち消すことに焦点を当てること、肯定の反応を使ってポジティブ体験を優先することは、AEDPスーパービジョンの重要な目的と介入である。

治療モデルとスーパービジョンモデル

　現在、アタッチメント理論とその研究は心理療法の議論の最前線にあり、中心的なテーマとなっている。しかし臨床家がアタッチメント理論と研究を臨床実践に取り入れようと文献を探しても、ほどよいアタッチメント対象になるための方法が書かれた文献はほとんど見つからない。獲得安定型のアタッチメント関係を構築するには、セッションの中で具体的に何を行い、何を言えばいいだろうか。この問いはスーパービジョンでさらにはっきりと現れる。スーパーバイザーが、それぞれ異なるスーパーバイジーに獲得安定型アタッチメント対象として体験されるには、具体的にどのようなスキルが必要になるだろうか。そうしたやり方で作業するためには、何を言い、どうすればよいだろうか。AEDPスーパービジョンのモデルは、まさにこのような問いへの指針を与えてくれる。

　AEDPの臨床家は、クライエントが新しい体験をすること、そしてその経験がよいものになることの手助けとなるよう努める（Fosha, 2002）。それに続くすべての治療的作業や理解、学び、そして期待や力動の再構成は、最初に起こるポジティブな変容体験を土台に生じる。同様にAEDPスーパーバイザーは、スーパーバイジーが新しく難しい状況を、思いやりをもちしっかり関わってく

れる他者と一緒に乗り越えること、そしてその体験がよいものになることを願っている。それに続く理論や介入、そして数多くのノウハウの学習は、そうしたスーパービジョン中でのポジティブな体験を土台に生じる。

　安全感とアタッチメントすなわち安全基地は、治療的作業を行う前に備わっていなければならないとされていることも多い。しかし AEDP では、セラピーやスーパービジョン・セッションの中で起こる修正感情体験や修正関係体験そのものが、獲得安定型アタッチメントを創り出し（Prenn, 2009; Wallin, 2007）、時間の経過とともにアタッチメント状態を変化させると主張している。安定型アタッチメントはスーパービジョンの作業に先立って存在するものではなく、スーパービジョンの作業の中から生じるものである。AEDP スーパーバイザーは、自らリスクテイキングをし、自己開示し、自分自身の傷つきやすさを見せることで（Fosha, 2006; Lipton & Fosha, 2011; Prenn, 2009）、スーパービジョンの開始直後から安定的なアタッチメント関係を構築しようとする。するとスーパーバイジーもさらにリスクテイキングができ、作業がどんどん深まっていく。スーパーバイザーとスーパーバイジーが困難さを増す場面を一緒に乗り越えられるようになると、ふたりの関係は強固になり、さらなるリスクテイキングが可能になる。こうしてふたりの関係性の「厚み」が増していくのである（Tronick, 2003, p. 479）。

　第 1 章で述べられるように AEDP では、圧倒されるような体験を前に、意図に反し、望まないにもかかわらずに起こる孤独によって精神病理が生じると考える（Fosha, 2000b）。目の前の課題を乗り越えるために十分なリソースをもたず、サポートも得られない体験をすると、人は短期的な解決方略（防御メカニズムや防衛）に頼るようになる。こうした解決方略は短期的には生存の役に立つが、長期的に頼り続けると制限や偏り（つまり精神病理）を生んでしまう。精神病理を変容させ適応感情へのアクセスを回復させるために、AEDP セラピストはクライエントの孤独を打ち消すことを何よりも大事にする。セラピストから助けや対人的な情動調整を得て、支持的で感情的にしっかり関わってくれる相手と自分の苦しみや喜びを共有できることを感じられると、クライエント

は防衛への依存を手放して本当の感情体験に踏み出せるようになる。

AEDPモデルへの道のり

ダイアナ・フォーシャ

　私が最初に受けたトレーニングは精神分析理論に基づくものだった。所属したニューヨーク市立大学の臨床心理学専攻の博士課程プログラムの内容と自分自身の興味関心から、発達心理学的な影響を強く受けた精神分析理論をこの領域で最初に学んだ。そしてフロイトや古典的な分析家だけでなく、フェレンツィやサティ、ガントリップ、ウィニコット、サールズ、コフート、そしてピアジェやマーラー、パイン、ベルクマンの発達理論にも没頭した。これらの理論は、今も私の考え方に大きな影響を与えている。しかし精神分析の治療期間の長さや効果とエビデンスの問題に意図的に注意を向けないことに違和感も感じていた。

　私はSTDPにデイヴィッド・マラン（Malan, 1999）の著作を通じて出会い、その後ハビブ・ダーバンルーの著作を通じてISTDPに触れることになった。マランの仕事に惹かれたのは、彼が精神力動的治療の深さと強度を残したまま、治療にかかる期間を短縮しつつ得られる効果を高めることを目指していると明言していたからである。クライエントと密接に波長合わせをしながら、しっかりと焦点を定め、葛藤の三角形のカテゴリーに沿って（AEDPではこれを再構成して体験の三角形と改名している。第1章参照）、瞬時ごとに現れる素材をトラッキングしていく点は、マランの提唱した理論の重要な鍵であり、理論的に明示されることはないが、AEDPに今も残っている。この有名な三角形は、ヒラリー・ジェイコブス・ヘンデル（Hendel, 2018, 2023）によって、変化の三角形と名前を変えられつつある。これはAEDPの作業が、不安・防衛からコア感情への変化や、シフトを起こす手助けを目的としていることを意識した変更である。しかしマランは1979年にダーバンルーのISTDPのモデルの力を見て、自身の考えを大きく転換する（Davanloo, 1990, 1995）。

ISTDP を次の経由地にして AEDP はさらに発展し、最終的に *The Transforming Power of Affect*（『人を育む愛着と感情の力』）（Fosha, 2000b, 2017）に結実した。私がマランへの強烈な支持を離れて、ダーバンルーの仕事に惹かれるようになったのは、彼の技法によって系統的に喚起された情動現象の力で、クライエントが初回セッションからすぐに深い感情の内臓感覚体験に到達して変容に至ることに感銘を受けたからである。加えてダーバンルーは実際のセラピー・セッションの動画を用いて指導や発表、スーパービジョンを行った。そしてスーパービジョンにおいて、実際のセッション動画を見せることが可能なスーパーバイジーしか受け入れなかった。

私はダーバンルーから 3 年間指導を受けた。大変だったがとてもパワフルなトレーニングだった。しかし今度は ISTDP に違和感を感じるようになり AEDP の開発に向かうことになった。ISTDP の体験から私が感じた深い違和感は 2 つあった。1 つは ISTDP における防衛の扱い方が攻撃的で直面的だったこと、もう 1 つは ISTDP の理論は、その技法で体験的な現象への到達することを可能にしたはずなのに、体験的な現象のもつ変容の力を正当に評価していなかった点である。

私の探求は 2 つのテーマをもつようになった。1 つ目はセラピストとクライエントを、防衛を敵として対抗したり闘ったりする相手ではなく仲間やパートナーとして扱っても、ISTDP の作業のようなパワフルな感情現象と、そこへの速い到達が可能かどうかを検討することだった。もう 1 つは、防衛の影響力を最小化した後、系統的に喚起される感情現象がもつパワフルな変容効果についての理論的説明を構築することであり、これは私にとって大切なテーマとなった。1 つ目の探求はマイケル・アルパート（Alpert, 1992）をリーダーとする仲間のグループとともに開始した。そのグループに私は 1988 年から 1993 年まで参加していた。またその時期アルパートと私は、リー・マッカロー（McCullough, 1997; McCullough et al., 2003）とも仲間として親しく共同作業していた。そして 2 つ目の変容現象理論は、私ひとりでの探求となった。

アルパートとマッカローの両者と一緒に、そして同時に協働する中で、私た

ちはともに、ダーバンルーの治療的効果の本質 —— クライエントと初めて対峙した瞬間から、内臓感覚を伴う体験の力とそこに瞬時に達する能力 —— を維持しながら、一方で深い感情の作業を成し得る支持的で優しいけれども、効果的で使いやすい関係のあり方を発展させることに奮闘していた。徐々にではあるが私たちは不適応な防衛を捨てさせるためにクライエントに徹底的に立ち向かったりプレッシャーを与えたりする「正面衝突」(Davanloo, 1990, p. 7) のスタンスから、共感と感情的関わりをもつ治療的スタンスに転換していくことができた。私たちはクライエントの抵抗や防衛に真正面から立ち向かうイメージを超えて、クライエントの防衛を共感で「溶かす」治療的スタンスに向かっていった。このスタンスをとると、クライエントは感情的に関わってくれるセラピストとの関係の中で安全感を感じるようになり、防衛を最小限しか必要としなくなる。その後アルパートと友好的な形で離れ、別の道を歩み始めてからも、このスタンスは私の作業の中で進化を続け、それとともに養育者−乳児の交流やアタッチメント理論に関わる発達研究からの影響を受けるようになった。

　AEDPでその後発展した関係性の技法は、プレッシャーを与えたり、絶えず直面化したりするスタンスの代わりに、はっきりと示される共感と思いやり、そしてコンパッションのスタンスから生じたものである。そしてこの姿勢を通じてパラダイムシフトが起きた。つまり、ISTDPの何が間違っているかという焦点から、AEDPの何が正しいかという焦点へ、そしてISTDPの病理学志向モデルからAEDPの癒やし志向モデルへと、焦点が抜本的に切り替わったのである。

　防衛をすばやく迂回した結果として起こる変容遂行的で体験的な作業を厳密に説明するためのメタ心理学の構成は私自身が進めてきた。1995年から2000年のAEDP理論誕生に至る5年間の妊娠と出産のプロセスは、AEDPのメタプロセシングに似たスパイラルのプロセスとして語ることができる。防衛の効果が最小化されたときに感情現象がもたらす変容の力を説明するために、筆者はチャールズ・ダーウィン (Darwin, 1872, 1965) やウィリアム・ジェームス (James, 1902, 1985)、トムキンス (Tomkins, 1962)、エックマン (Ekman, 1984)、

そして現代の感情理論研究者のものまで、さまざまな感情理論を参照した。また関係性のもつ力や、瞬時ごとの波長合わせ、そして亀裂と修復のプロセスを説明するために、動画に撮った臨床セッションを使って、コア感情の現象や続いて起こる適応的効果に焦点を当てながら、かつて臨床心理学大学院で学んだ発達心理学にも立ち戻った。

特に、当時も今も注目を集め続けているアタッチメント理論と研究（たとえば Fonagy & Target, 1998; Main, 1995, 1999）や、「乳児観察者」とも呼ばれる発達心理学者（たとえば, Beebe & Lachmann, 1988, 1994; Emde, 1981, 1983, 1988; Stern, 1985; Stern et al., 1998; Tronick, 1989; Tronick, Bruschweiler-Stern, Harrison et al., 1998）の研究を再度見直した。乳児観察者が録画で養育者と子どもの瞬時ごとの交流を観察することと、セラピストが録画でセラピストとクライエントの瞬時ごとの交流を観察することの共鳴が私を捉えて離さなかった。両者には多くの生態学的妥当性があった。この２つを研究し論文の中で統合しようと試みる中で、臨床で起こる現象をさらに細やかに見ていきたいと思うようになった。昼間の臨床実践で体験し、録画・研究したものを、夜帰宅した後にさまざまな文献を読みながら調べ理解していった。現象と振り返り作業を行き来しながら理解を深めることで、新しい現象に気づけるようになり、気づいた新しい現象から新たな理論的統合と構築が進むというプロセスを通じて AEDP は生まれた。

これをセラピーに適用し、そしてその後 AEDP が知られるようになり、それを学びたい臨床家が増えたことで、この理論をスーパービジョンにも適用するようになった。

ナターシャ・プレン

私はラテン語と古典ギリシャ語の言語・文学教師のキャリアを経て、心理療法と AEDP に出会った。教師から心理療法家に転換するプロセスで、心理臨床のトレーニングで実際の臨床スキルをほとんど教えないことに幾度となく驚かされた。「ここで何を言って、何をすればいいでしょう」と、私は何度もそう質問した。そしてこの領域には豊かな理論はあっても、その臨床への適用が

欠けていると感じた。しかし2004年5月、私はアタッチメントに関する学会でダイアナ・フォーシャの仕事に出会った。左脳の思考レベルですぐに、彼女の臨床実践の背景となる理論が完璧に理解できると感じた。その理論は大脳神経科学を、実際の現象に基づく臨床実践に翻訳したものだった。その瞬間「アハ体験」が起こり、カチッとスイッチが入るような気づきとまさにこれだというぴたっとくる感覚が起こった。右脳の内的感覚では、これこそがクライエントの変化を助ける方法だという深い理解があった。これこそがアタッチメント・セラピストになる方法だ。私は自分の理論・臨床の土台となる場所を発見し、夢中になった。

2004年夏にフォーシャのAEDPイマージョン・コース（AEDPの入門コース）を受講した後、私はベン・リプトンから個人・グループスーパービジョンを受け始め、ロン・フレデリックのコアトレーニング（グループスーパービジョンを中心とする集中トレーニング）に参加するためにサンフランシスコに飛んだ。またフォーシャの作業で体験した魔法の構造を知るため、彼女のセッション逐語やビデオ録画を研究し始めた。彼女はすでに自著の理論書の中で、あり方（つまり、スタンス）や進め方と介入の仕方（つまり、具体的な言葉）といった技法を明確にし始めていた。私自身もAEDPの介入法を集め、フォーシャや他のAEDPセラピストがどのような流れで介入を使っているか研究し始めた。体験的な作業は、新しい言語の学習に似ていた。さまざまな介入を集めて分類した後、その介入を自分のセッションで使ってみた。徐々に自分が一番効果的に使える介入を集めて分類し、この語彙と言語が揃ったところで、AEDPの構造と言語の中で試してみて自分の声を見出すようになった。

このプロセスの中で、AEDPの体験的な言葉遣いの焦点や基本的介入の教授法が整備され、それが現在行われているAEDPの2年間のエッセンシャル・スキル・コース（技法訓練を中心とした集中的訓練）の骨子となった。AEDPのトレーニングに関してはAEDPのWebサイト（https://www.aedpinstitute.com）を参照してほしい。私はAEDPを教えたりスーパービジョンしたりする中で、介入に使う言葉の中に学習の本質的な要素があることに気づいた。訓練生は実

際の介入で使う言葉を知りたがっており「ここで何を言えばいいですか」「次に何を言えばいいですか」という問いへの答えを求めている。そうした質問は、私自身が訓練中に感じた問いでもある。外国語の学習と、AEDPのスーパービジョンやセラピーが目指す変化の体験には直接重なる部分が多い。両方とも、最初はスキルや能力の神経ネットワークは未構築であり、体験や体験を言葉にして自己表現すること、そして内臓感覚的にやりたいと思っていることを言葉にして伝えていくことを必要としているからである。私がこれまで行ってきたAEDPへの貢献の１つは、介入のノウハウを分類・言語化し、AEDP理論を具体的でわかりやすく学びやすい、統合的なステップと流れに翻訳したことである。現在私は「AEDP入門（How to AEDP）」と「AEDPの基本（Nuts and Bolts of AEDP）」というワークショップの講師として知られている。

　さらに２年間のエッセンシャル・スキル・コースとアドバンスト・スキル・コースのカリキュラム作りで中心的な役割を担ったことに加え、認定AEDPセラピストを目指すプロセスにいる臨床家をスーパーバイズしたり、エッセンシャル・スキル・コースのアシスタントをするセラピストの訓練も行ったりしてきた。また訓練中のAEDPスーパーバイザーのスーパービジョンや、新しいワークショップやプレゼンテーションを準備するセラピストのメンターにもなった。AEDP介入忠実性尺度（以下参照：https://www.aedpinstitute.org/wp-content/uploads/2014/01/AEDP-Fidelity-Scale-Self-Report.pdf）の作成にも関わり、「Transformance: The AEDP Journal」誌（AEDP研究所機関紙）の共同創刊編集者をカリ・グレイザーとともに務め、AEDPの理論と実践の発展に寄与した。AEDPのスーパービジョンのやり方を明確にした本書は、そうした活動の自然な延長として書かれたものである。

　フォーシャと同様、私もスーパービジョンを始めるまでスーパーバイザーになるためのアカデミックな訓練を受けたことはなかった。私は教育者そして教師として、教材と、もちろん、AEDP心理療法から得たスーパービジョンにおける関係への取り組み方の信条を携えて、AEDPスーパーバイザーの仕事に就いた。また私自身の最初のAEDPスーパーバイザーであるダイアナ・フォー

シャ、ベン・リプトンそしてロン・フレデリックにとても感謝している。フォーシャと異なり、私はそうした才能あふれる親切で寛容な AEDP スーパーバイザーをお手本に真似ながら学べてとても幸運だった。

　AEDP のスーパービジョンは、AEDP のセラピーと同じように双方向性をもち、治療的二者関係・三者関係に関わるすべての人に影響を与える。AEDP のスーパーバイザーと教師は、AEDP のスーパーバイザーと教師であることの恩恵を受けたからこそ、また受け続けるからこそ、自分たちが大きくよりよく変わってきたことを証明できる。私たちは、深い感情、つながり、そして変容という特有の回帰的体験や、スーパーバイジーとクライエントの録画した面接作業を繰り返し目の当たりにし取り組むことによって、専門的にも個人的にも成長するのである。同じ現象は、AEDP のトレーニング・セッションやワークショップでも桁違いの大きさで起こる。そこでは、実践者たちのグループ全体が、変容が起こるセラピーの録画を見ることで、さまざまな癒やし、ステイトの共有や拡張された意識状態（Tronick, 1989, 2009; Tronick et al., 1998）を体験して、力強く変容していく。

本書の読者

　本書は大学院やクリニック、個人開業している心理臨床家、精神科医、ソーシャルワーカー、心理士、カウンセラー、カップル・家族セラピスト、そして指導者として働くスーパーバイザーやスーパーバイジーを対象に書かれている。本書はまた、アタッチメントや感情に焦点を当てた体験的な方法でのスーパービジョン手法を学びたい力動的、関係論的、そして対人関係的心理療法セラピストにも重要な内容を提供している。AEDP のスーパービジョンの深く統合的なアプローチは、さまざまに異なるオリエンテーションの大学院生や臨床経験者の役に立つだろう。現在のアタッチメントや対人神経生物学への関心を考慮すると、スーパービジョンとセラピーへの AEDP の現象学に基づいたアプローチ——さらに、その検証可能性とそのためのセラピーとスーパービジョ

ンの両方における録画の重要性の強調──は、さまざまな心理療法を志向する人々にとって、魅力的で有用なものである可能性が高い。

本書の流れ

　第1章ではAEDP心理療法とスーパービジョンを支える理論の重要なポイントを紹介し、AEDPのスーパービジョンのアプローチの3本柱のうちの2つ、スーパービジョンに必要な知識と能力について紹介する。第2章はAEDPにおける関係性のもつ役割と、必要なスキルとそれをすぐに使うための介入の言葉についての内容となっている。第3章はフォーシャとスーパーバイジーのマイケル・グラヴィン[1]のスーパービジョン・セッションの動画の詳細な分析を通じて、AEDPのスーパービジョン体験を十分に体感してもらう。セッション全体は、APA（https://www.apa.org/pubs/videos/4310958.aspx）が発売するDVD「Accelerated Experiential Dynamic Psychotherpy（AEDP）Supervison」（Fosha, 2016）で見ることができる。第4章はさまざまな形式のスーパービジョンや記録、評価を含めた実践的な課題について説明する。第5章は、アタッチメント・スタイルや経験レベルが異なるスーパーバイジーにどのように対応していくか述べていく。第6章は、「誰が見張りを見張るのか」（『サトゥラェ諷刺詩』VI ローマの詩人ユウェナーリス，藤井昇訳）という問いに答える。この章ではスーパーバイザーの訓練やケアに焦点を当てる。最後に私たちのスーパービジョンモデルを実証する研究について述べる。

1　本書での引用に同意したマイケル・グラヴィンを除き、本書に登場するその他すべてのスーパーバイジーやクライエントの個人情報は、守秘義務を守るために伏せている。

第1章
主要な概念

　　AEDPセラピストが中立性の原則から逸脱し、ポジティブ関係を基調とする目的は、肯定的で波長が合った相互作用と、そこから生じるポジティブ感情にとどまる時間を最大限にする一方で、波長のずれや行き違いから生じるネガティブ感情はなるべく早く消化して、協調状態やポジティブ感情の体験を回復することである。関係性体験が肯定的となることは、とても重要である。ポジティブで活力を与える体験や肯定的な二者相互作用は、安定したアタッチメント、レジリエンス、そして心身の健康の成長・増進の本質である（Fosha, 2009b; Fredrickson, 2001; Lyons-Ruth, 2006; Russell & Fosha, 2008; Shore, 2001）。（Lipton & Fosha, 2011, pp. 260-261）

　本章では、AEDPのスーパービジョンの鍵となる概念を紹介する。しかしなぜ私たちがこのようにしているのかを説明する前に、AEDPが体験的アプローチであることをふまえて、まずは実際のスーパービジョン場面を見せながら紹介していきたい。もしよければ、ぜひあなたも実際のやりとりを読んで、内蔵感覚的・右脳的な体験をしてみてほしい。もちろん、短い場面をいくつか紹介した後、本章の後半では、読者の左脳も満足させるためにAEDPの鍵となる概念や知識、能力について詳しく述べることで、読者の宣言的知識や理論的知識のすき間を埋めていく。本章を読みながら、AEDPのスーパービジョンをぜひ

体験してみてほしい。

場面1　スーパービジョン・セッション1回目のはじまり

　新しいスーパーバイジーがスーパーバイザーの（つまり、プレンの）オフィスにやってくる。ノートとパソコンをバッグから取り出す手は少し震え、唇を噛んでいる。彼女のAEDPスーパーバイザーとして、私はここで何をすればよいだろう。AEDPスーパービジョンの理論と臨床実践は、こうした初対面のやりとりの瞬間から、スーパーバイザーの決断に反映される。このようなやりとりにおけるスーパーバイザーのスタンスは、AEDPセラピストとしてのあり方ほとんどそのものである。つまり、歓迎し、導き、不安を調整し、しっかりと助けになり、自己開示し、ノーマライズし、肯定する強みを探す。

スーパーバイザー[1]　最初のセッションですが……おや……うーん……不安そうですね。[瞬時ごとのトラッキングをはっきりと言葉にして、スーパーバイジーの不安に気づいたことを伝えている。スーパーバイザーはリードし、手助けしようとしている]

スーパーバイジー　ええ。ここに来る途中で驚きました。緊張が高まっていくのに気づいて。

　AEDPのスーパービジョンで最初に取り組む課題は、スーパーバイジーの孤独を打ち消すことである（Fosha, 2000b, 2009b）。AEDPには、クライエントがセラピストとともに新しい体験をすること、またその体験がよいものであることを望むという理念がある（Fosha, 2002）。同様にスーパーバイザーも、スーパーバイジーが出会いの瞬間から新しい体験をすること、そしてその体験がよ

---

[1] 本書に掲載される非言語の動きは括弧内の**丸ゴシック体**で記述される。括弧内のゴシック体はスーパーバイザーの介入や効果についてのマイクロ分析（micro analysis）を示している。

いものであることを願う。スーパーバイザーとスーパーバイジーの関係性とそこで起こる体験は、スーパーバイジーの学びの中核をなし、根本であり、基盤となる。スーパーバイジーの不安が高まりすぎると、学びは著しく損なわれ、不可能になることさえある。スーパーバイジーの不安を調整する必要があり、スーパービジョン関係が新しく形成されるアタッチメント関係の安全基地（Bowlby, 1988）としてできるだけ早く機能しだすように、私たちは安全性を一緒に創造し始めなければならない。ひとたび安全を共創し始め、スーパーバイザー関係が安全基地になったら、私たちは探索に乗り出すことができる。そこから成長と新たな学びが生まれる！

　AEDPのスーパーバイザーはスーパーバイジーに、一緒に体験をしてほしい。そしてその体験がどのようなものであっても、「一緒に体験した」ことを認識してほしい。AEDPでは、これを・メ・タ・セ・ラ・ピ・ュ・ー・テ・ィ・ッ・ク・・プ・ロ・セ・シ・ン・グ（metatherapeutic processing）あるいは略して・メ・タ・プ・ロ・セ・シ・ン・グと呼んでいる（この概念については後の章で述べる）。わかりやすく言うと、AEDPではスーパーバイジーに何かを体験してほしいのだ。おそらく新しく、そして確実によい何かを。また起きたことを理解し、自分が深い部分で感じたことを言葉にしてほしいのだ。感じたことをはっきり言葉にする力は、統合を促進し、スーパービジョンにおける体験をクライエントとの治療的行為で活かせるようになる。

　スーパーバイジーの孤独を打ち消し、安全性をつくり、不安を調整し、潜在的に起こっている体験を顕在化させ、関係的な体験にする方法はいろいろある。詳しくはこの後述べていくが、これらすべてを一気に実現する常に頼りになる方法の1つが自己開示である（Bromberg, 1998, 2006, 2011; Farber, 2006; Jourard, 1971; Maroda, 1998, 2004, 2009; Prenn, 2009; Wallin, 2007）。次にスーパーバイザーが行ったことは以下である。

スーパーバイザー　　ああ、はじめてのAEDPのスーパービジョンを思い出します。私も不安だったんですよ！［自己提示的開示、ノーマライゼーション］［スーパーバイジーは微笑み、一瞬視線を合わせ、大きく息を吐く］

第 1 章　主要な概念

　AEDPの介入の一単位は 2 つの部分からなる。1 つは介入そのものであり、もう 1 つはその介入がスーパーバイジーにどう受け取られるかである。したがって、スーパーバイザーの介入、つまり、彼女の自己開示の次のステップは、そのメタプロセシングである。スーパーバイザーは自身の個人的で傷つきやすい部分を開示した後、その介入がスーパーバイジーにどのように届いたか、スーパーバイジーがどのような影響を受けたかを知りたい。

スーパーバイザー　　私のこと……私も不安だったと知ってどう感じますか。
　　［スーパーバイザーは自分の自己開示をメタプロセシングする］

　そう感じているのは自分だけではないとわかるだけで、新しいスーパーバイジーは安心することが多い。権威的立場にいる人でも不安を感じることはあり、それだけでなく、不安を分かち合うこともいとわないと知ることはインパクトある体験になりうる。ただし、AEDPではここでも介入の受け取られ方を想定・推測せずに、やりとり体験と関わりを続け、目の前のスーパーバイジーがこの瞬間のこの介入にどう反応するか、正確かつ具体的に見ていく。

スーパーバイジー　　楽になりました。
スーパーバイザー　　そうですか。どのような感じですか。聞いてもいいでしょうか。［許可をとる］
スーパーバイジー　　ええ、うん、うん……
スーパーバイザー　　内側や体の中、身体的に何か感覚を感じますか。「楽になった」と言うとき、内側でどんな感じがしましたか。こんなことをまた聞いてもいいでしょうか。［身体感覚への焦点化。許可をとる］
スーパーバイジー　　はい、大丈夫です。はい。そうですね、変化。落ち着くというか、……よりここが……楽な感じ。［笑顔］
スーパーバイザー　　うん。笑顔が。［うなずき］
スーパーバイザー　　自分の本当の感覚がわかるのですね。しっかりとわかる

35

のはとてもいいですね。［肯定、介入を明確にする］
スーパーバイザー　どうですか、……私たちの息は合っているでしょうか。まだ始めたばかりですが。このような体験を私と分かち合うのはどんな感じでしょうか。［メタプロセシング、体験を関係性につなげる］

　ここでスーパーバイザーは、AEDPの理念を即座に行動に移してスーパービジョンを始めている。出会いの瞬間から、新しく、よい体験を優先させ（Fosha, 2000a）、スーパービジョンの二者関係にはっきりと注意を向けている。AEDPスーパーバイザーは常に、体験的かつ関係的に取り組む。スーパーバイザーはここでも、これからふたりでどのように取り組むかをスーパーバイジーに伝えてから、さらに、はっきりと言葉で許可をとっている。これはモデリングであり、アタッチメントに基づく体験力動的なAEDPの作業の内臓感覚的な体験をスーパーバイジーに明確に与える。

　スーパーバイザーの自己開示は偽りのない本当の気持ちに基づいていると同時に、1つの技法でもある。スーパーバイザーの弱さは、スーパーバイジーが自分の傷つきやすさ、つまりスーパービジョンでは避けることのできない傷つきやすさとともにあることを助け、さらにそれを受け入れることを助ける。スーパーバイザーは、スーパービジョンにおける不安をノーマライズするよう即座に働きかける。ここではスーパーバイザーが「私も！」と言っている。「自己開示は自己開示を生む」（Jourard, 1971, p. 16）ことはよく知られるが、自己開示によってプロセスがさらに深められるという意味である。ここでのスーパーバイザーは、体験を協働的で相互的で、そして何よりも、十分に安全感が感じられるものにしようとしている。彼女はスーパーバイザーである。そしてここは彼女のオフィスである。それだけで彼女には十分に権威がある。もしスーパーバイザーが自分を隠し続けたら、スーパーバイジーが心を開き弱さを見せて、実り多い学びをすることなどとうてい期待できない。

　それと同様に、よそよそしいままのセラピストに対してクライエントがすぐに心を開くことはない（Fosha, 2000b）というのがAEDPの信条である。スー

パービジョンの時間は、AEDP セラピーの実践法を学ぶというスーパーバイジーの目標のためにある。スーパーバイザーが行う働きかけは、自己開示も含めてすべて、はじめからスーパーバイジーの孤独を打ち消し、安全基地としての関係性を築き、一緒によい体験をつくる目的で行われる。スーパービジョンの中で体験と力動に焦点を当てることは、変容を促進するツールとなりスーパーバイジーを導いてくれる。AEDP のこうした標準的な技法を、私たちははっきりと言葉で許可をとりながら使い、個人的な内容や関係性については、触れてよいか繰り返し確認しながら進めていく。メタプロセシングは厳密にしかも系統的なやり方でプロセス自体を確認する 1 つの方法である。そのためメタプロセシングを行うことで関係を安全に保ちながらプロセスを順調に進めることができる。

　先ほどの短い場面では、AEDP スーパービジョンの関係的・体験的な特徴の一例を紹介した。そこではスーパービジョンの最初の瞬間から、スーパービジョン関係が安定的なアタッチメント関係に発展させるようスーパーバイジーの環境づくりへの取り組み方がわかりやすく示されていた。すべてのスーパービジョン関係は潜在的にアタッチメント関係であり、不安定型、回避型、不安型、安定型のアタッチメント力動が生じうる[2]。AEDP スーパーバイザーは、スーパーバイジーとふたりの間の関係を共同で作っていくことによって、そしてその過程について話し合うことによって、スーパービジョン関係を獲得安定型のアタッチメント関係にしていきたい（Pearson, Cohn, Cowan, & Cowan, 1994; Roisman, Padrón, Sroufe, & Egeland, 2002; Wallin, 2007）。

　AEDP スーパービジョンにおける主要な課題の 1 つは、スーパーバイジーと協働しながら意味あるつながりを構築し、ふたりの接触の中に受容や喜び、相互性、成功といった新しい体験を染み渡らせることである。こうした双方向の関係（心地よい体験なので、スーパーバイザーの成長も促進される）を協働で創り出すことで、ふたりで過ごすスーパービジョン時間の多くを、肯定的な感覚を伴

2　5 章の AEDP スーパービジョンにおける異なるアタッチメントタイプごとの作業を参照。

う交流に使えるようにすることが目的である。

　DVD「Accelerated Experiential Dynamic Psychotherapy（AEDP）Supervision」（Fosha, 2016）（APA Books https://www.apa.org/pubs/videos/4310958.aspx で入手可能）に収録されたスーパービジョン・セッション後のインタビュー中に、APA心理療法スーパービジョンシリーズの監修者であるハンナ・レヴェンソンがスーパーバイジーのマイケル・グラヴィンに次のように尋ねている。「このAEDPのスーパービジョンは、これまであなたが受けてきたスーパービジョンとどう違いますか」

マイケル　「基本的にとても気持ちがいいんです。［笑顔］なんというか、気持ちのいいスーパービジョンというか……肯定されたときや言葉で明確に表現された肯定を受け取ったときだけでなく、私がセッション中に行った介入にスーパーバイザーが喜びを感じてくれているときも……喜びや好奇心、一緒にいてくれる感じ、一緒にこれをやっているのだという感覚があり、そしてリスクテイキング……そう、そして……リスクテイキングをして、乗り越えて、実際に試してみて、うまくいった瞬間を体験して、それを振り返って話し合うことができるので。だから一緒にできて本当に心地いい感じ……」［うなずき］

　スーパービジョンの中でポジティブ体験をしっかりと体験し、その体験を振り返る（メタプロセシング）ことで、スーパーバイジーは安全を感じることができて、思い切って挑戦したいと思えるようになる。こうした体験はまた、スーパーバイジーやセラピストが伸び伸びと成長し、臨床家として最適な状態になることにつながる。肯定や瞬時ごとのトラッキング、そしてスーパーバイザーに見えているものを映し出すことが認識の瞬間へとつながる。つまり、スーパーバイジーは正確にミラーリングされ、そのように見られている自己認識をするのである。そして、繰り返し見てもらい認められる体験を通じ、自信に満ちた確固たる自己感がAEDPスーパーバイジーの中に生まれ、それがセラピー・セッ

ションでの行動にも翻訳されていく（Fosha, 2009a――または「The Neuropsychotherapist」誌に転載されたものがオンラインで閲覧可能。https://www.aedpinstitute.org/wp-content/uploads/2015/09/2009_Fosha_Neuropsychoth.pdf）。そしてこうした体験は、次に紹介する場面に見られるように綱渡りのようなリスクのある状況でさえも、気持ちよく生き生きとエネルギーが湧くように感じられることが多い。

安全と探索、オキシトシンとドーパミン

　神経システムが防衛的な生理反応状態にあると、人は学習や探索を行ったりリスクテイキングができない。必要な安全が確保されて初めて人は探索できるようになる。一方、安全がうまく確保できると、次の事例のようにスーパーバイザーとスーパーバイジー両方に、自然と伝染するような活気あふれるポジティブ感情体験が起こり、二者関係のシステムにエネルギーが注入される。そしてこうした気持ちがよい体験は、さらなる探索やリスクテイキングを促してくれる（Fosha, 2009a, 2013c）。

　セラピストとして、新しいことを学び思い切って臨床スタイルを変えようとするとき、私たちはボウルビィ（Bowlby, 1982）の探索行動システムやパンクセップら（Panksepp & Biven, 2012）の探索システム（seeking system）、そしてダン・ヒューズ（Hughes, 2007）の遊び心（playfulness）の領域にいると考えられる。探索や探求、遊びは安全と同じくらい適応と生存に欠かせない。人は世界の探索を通じて、成長し、学び、どんどん柔軟に対応できるようになる。生産的で創造的な探索を行うためには、その探索が本人の動機づけに導かれ、熱意や活力をもって行われる必要がある。まさにここで、オキシトシンだけでなく、ドーパミンや脳のドーパミン系システムの力（Fosha, 2013c）と、それがセラピーとスーパービジョンでの変容体験で果たす重要な役割を理解することが必要になる。

　オキシトシンに関する研究で、オキシトシンは安全やつながり、思いやりの体験をもたらすために必要不可欠な成分であることが示されている。（Carter, 1998; Carter & Porges, 2012; Porges, 2009）。また別の研究によると、学びや記憶

の固定化、新しい体験と学びを通じて生じる自己感の拡張は、ドーパミンによってもたらされることが明らかになっている（Murty & Adcock, 2013; Panksepp & Northoff, 2009; Shohamy & Adcock, 2010）。ドーパミンは、人が気持ちいいとか正しいと感じる体験を求める過程で自己探索システムを刺激する神経伝達物質である。そのおかげで、人は気分がいいとき、学習が進みやすい。AEDPが他の介入と大きく異なるのは、オキシトシンやドーパミンに富むポジティブで学びを受け入れる状態にとどまり、そこから離れてもできるだけ早くそこに戻ろうとする点である。AEDPはポジティブな体験を優先し、「嫌な気持ちを感じているときは、まだプロセスの途中だ」と考える（Fosha, 2004, 2009b; Gendlin, 1981, p. 29）。そのためスーパービジョン関係に亀裂が入ったとしても、関係修復が行われ、相互に協調できる状態や楽しい感覚が戻るまで歩みを止めない（Safran & Muran, 2000; Tronick, 1998）。協調状態を回復できるようになる成功体験は、ドーパミンに満ちた新たな体験となることが多い。

次の場面では、安全性がどのようにリスクテイキングを可能にするか、またリスクテイキングが、サポートや肯定、心からの関わりに支えられることで、どのように新たな学習につながるか、そしてその学習がいかにポジティブなエネルギーを活性化し、互いの活力を引き出し、広がりある体験をもたらしてくれるかを見ていく。

場面2　リスクテイキング、肯定、メタプロセシング、ポジティブ状態の共有

スーパービジョン・セッションが半ばを過ぎた頃、スーパーバイジー（マイケル・グラヴィン）が私（フォーシャ）に見せたセラピー・セッションに難しい場面があった。私たちはすでに何回かスーパービジョンを行っていたため、ふたりともそのクライエントのことを知っていた。また、この時点までに行ったスーパービジョンのやりとりを通じて、安全性はすでに十分に確立されていた。そのやりとりの多くは、私がスーパーバイジーの優れた仕事をはっきりと認め

て、肯定したことによって生まれてきたものだ。その結果、関係性で感じる安全感は一段深いレベルに達し、スーパーバイジーのマイケルはリスクテイキングできるようになっていた。以下の逐語は、マイケルがクライエントのエイミーとのセッションの中で特に難しかった局面について、勇気を出して「何をしていいかわからない」と伝えるところから始まる。

スーパーバイジー　それから……彼女は今また崩れ始めて、まるで……（彼女にとっては）わけがわからなくなっているように見えますし、そのうえ涙が出てきていますから、彼女は感情調整不全になってきているみたいですよね？

スーパーバイザー　たしかに。

スーパーバイジー　ええと……それで、私は何をすればいいかわからなくなっている。［笑］だから、なんというか、次に（セッション動画の中で）見てもらうのは、私がただ彼女に伝え返しているだけというか、目にしていることを言葉で表そうとしているだけなんです。

スーパーバイザー　ええ。素晴らしい ── 。

スーパーバイジー　もし違うやり方があれば……そうですね、彼女が「でも、理解できないと思う」と言って感情調整できなくなるこの瞬間に、何かほかにできることがあれば、それを伺えるといいなと思っています。

スーパーバイザー　はい。でもその前に、素晴らしい、と言いたいです。あなたの正直さや「何をしたらいいのかわからない」ことに正面から向き合おうとしていることに対して。［トランスフォーマンスの発見[3]、肯定］

スーパーバイジー　はあ。

スーパーバイザー　だって、私たちはみんなそういうふうに感じることがありますから。［スーパーバイザーの自己開示、ノーマライゼーション］私たちは

3　トランスフォーマンスとは、癒やしや自己治癒に向けて動機づけられた活力であり、このスーパービジョンの場面に続くインタビュー部分でまず定義が述べられる。また、この章の後半で正式な定義をしている。

みんな、そう感じている。あまりにもたくさんのことがあり、クライエントが感情調整不全に陥っていることで、そう感じます……。いくつかあるけれど、それがある種の内的な感覚なんです。だから、あなたが私とそれを分かち合えたことに、本当に感謝したいと思います。[マイケルは笑顔になりうなずく] ええ、勇気がいるんだと思います。特に、私たちは録画されているし、そのほかにもいろいろ、だから……余計にハードルが上がって、さらに勇気がいりましたよね。[肯定]

スーパーバイジー　[大きな笑顔を見せ笑う] そう言ってくださってありがとうございます。

スーパーバイザー　ええ。では ── 少しの間、そこにとどまれますか。[肯定された体験にとどまってよいか許可をとりつつ、AEDPに典型的なやり方で体験を深める。「少しの間」と時間制限をつけることでスーパーバイジーが、安全を感じられるようにする] 私がそう言ったのは、ね、── つまり、まず第一に、私たちはみんなそうしたことに苦労している……。[肯定のメタプロセシング、そして自己開示]

スーパーバイジー　そうですね。

スーパーバイザー　こんな、「うーん」と閉口するような瞬間に。[顔をしかめる]。[顔をしかめることでスーパーバイザーもそれが「どのような気持ちかわかっている」ことを暗に自己開示する]

スーパーバイジー　そうですよね。

スーパーバイザー　それは単に知的な質問というだけではなく、第二に……それは勇気がいることなんです。[うなずく][肯定を繰り返す。スーパーバイジーの受容力をチェックする。セラピストからの肯定を受け入れられるだろうか]

スーパーバイジー　[うなずく][彼のうなずきは受け取る準備ができていることを示している] うーん、気づいてもらって、見てもらえて、認められた感じがあります。「ああ」といったりする部分も、そうですね、それを共有できる感じも、両方とも気持ちがいいです。できてよかったです。[共有する]

スーパーバイザー　ええ。もう少しだけいいですか。[ストレスがかかる可能性

第 1 章　主要な概念

のある新しい体験に対して、もう一度明確に時間制限を設ける］もしその感じに少しとどまれるなら……。［手を使い、胸の周りに円を描くしぐさをする］そのいい気持ちに少しとどまってみて……、少し矛盾している感じもありますよね……なんだか難しいけど、でも気持ちがいい。［もう一度非言語のコミュニケーションを使って身体に焦点化する。困難なことも、共有することで気持ちよくなることについての学びの瞬間］

スーパーバイジー　ええ。この辺りがリラックスしています。［手を使い、胸の上に同じ円を描くしぐさをする］そして、胸が開いて穏やかになっています。［互いにうなずく］わくわくも。

スーパーバイザー　ええ。あなたがそう言ったとき、私自身もたしかに感じました。［似たような手のジェスチャーと深い呼吸をする］1つ呼吸してドロップダウンしたのを。［スーパーバイジーから受けた影響について自己開示。非言語の方法を用いた相互調整］では、エイミーに戻りましょうか。［ミッションが達成された。困難な瞬間に向き合って、変容することができた。次の段階の作業に戻り、セラピーの別の場面を見ていく時間である］

　翌日、APA スーパービジョンシリーズの監修者であるハンナ・レヴェンソンは、スーパーバイジーのマイケルとスーパーバイザーのフォーシャに、この場面についてインタビューをしている。

ホスト　マイケル、ダイアナだけでなく、この動画を見るすべての人の前で「どうしたらいいかわからない」と言うのは、どんな感じでしたか。

スーパーバイジー　この場面はAEDPスーパービジョンの素晴らしさを示すいい例だと思います。ダイアナとの間に十分な安心感を感じていたので、私は思い切って「ああ、自分がここで何をしているのかわからない。何が起きているのかわからない」と言えました。そしてしっかり向き合ってもらった感じがありました。というのも、思い切ってそう言った後、私自身はすぐに先に進みたくて「こういうときに必要な技法を教えてください」

43

と言ったのですが、ダイアナが「いいえ、その気持ちについて話しましょう」と言ってくれたので、自分の気持ちを認めて肯定してもらえた感じがしたのです。とてもよい気分でした。そんなふうに受け止められたことで臨床的にも、「時には、セッション中に何をしているのかわからなくなっても大丈夫」と思えるようになりました。これからも自分の不安を調整したり、クライエントとの間に何が起こってもそこにい続けたりすることに役立つでしょう。つまり、このことは2つの水準で作用したようです。

ホスト　ありがとうございます。そして、ダイアナ……あなたはマイケルの正直さに加え、勇気についても話していますが……なぜ、そうするのですか。

スーパーバイザー　これはトランスフォーマンスの一例なのです。1つは、プロセス全体に誠実であることに寄与する行動というだけでなく、リスクテイキングをしている点。そしてもう1つは、マイケルはチャンスをしっかりつかんでいますよね。自分の体験を正直に話すことで、自分をさらけ出しています。この点は、しっかりと肯定して受け止めるべきことだし、もう一歩踏み込んで、恥ずかしいことではないとはっきり伝える必要があります。そうですよね。ここで私が「自分がやっていることさえわからないってどういうことですか」って言わないだけでなく［笑い］、「わあ、そんなふうにできることは本当に大切で、役に立つことですよね！」と言ってそれを認める。これを言葉に出してはっきりと行うことで、安全感が深まり孤独感も打ち消されるのです。

ホスト　あなたはご自身の体験も自己開示していますよね……

スーパーバイザー　そうですね。

ホスト　これも、その一部ということでしょうか。

スーパーバイザー　彼は自己開示をして……、そしてこの場面の終わりには、一緒に行ったプロセスを通じて、落ち着きリラックスしていきました。そしてそのことに私も助けられました。だから私は彼にそう伝えたのです。彼のほうも私に影響を与えていることを知ってほしかったし、私が彼と一緒にこのプロセスを体験していることも伝えたかった。そうです……

ここまでで、読者の皆さんにスーパーバイザーが実際に行っていることを少し体験してもらったので、ここからは体験したことを振り返りながら、読者の左脳を満足させるために理論と重要概念について説明し、この先に進むための共通言語を用意していきたい。本章の残りではAEDPセラピーとスーパービジョンを定義づける7つの理論的概念を紹介する。これらの概念は、本章の後のほうで説明するAEDPの知識と能力、そして第2章で述べられるAEDPのスキルの基礎をなす。

AEDPの7つの重要概念

重要概念1　孤独を打ち消す（undoing aloneness）

　AEDPでは、圧倒されるような感情体験を前に、不本意で望まない孤独を体験していたことで精神病理が生じると考える（Fosha, 2000b）。そのため孤独を打ち消すこと（undoing aloneness）が、AEDPの第一の中核概念となる。セラピストが目指すのはクライエントとともにいることであり、スーパーバイザーが目指すのはスーパーバイジーとともにいることである。これにより、ひとりで耐えたり、受け入れたり、踏み出すことが難しいときに感じる孤独を打ち消す。時間をかけて孤独を打ち消すやりとりを繰り返すことで、スーパービジョン関係に安定したアタッチメントを築いていく。こうしたアタッチメントの構築は、1回限りのやりとりだけではなく、瞬時ごと、セッションごとに何度も継続的に扱われ、強められていく。

　AEDPでは、さまざまなやり方で孤独の打ち消しを目指す。中でも一番シンプルで頼りになる技法が自己開示である。セラピストやスーパーバイザーが「私も」「私もそう感じます」と打ち明けると、私たちは一緒に取り組んでいるという感覚を創り出せる。そして協働と安全感の創出を同時に行うことで、相互にアタッチメントを感じるようになる。AEDPのスーパービジョンでは、獲得安定型アタッチメント関係を築き、スーパーバイザーがはっきりとそれとわかるように手助けしたり、感情的に関わったり、求めに応じられるようにする

ことを目指している。アタッチメント対象としてのスーパーバイザーは、スーパーバイジーがどうしたらいいかわからず、誰かを必要としているときに頼れる存在であり、そういう存在であることがAEDPスーパービジョンの必須条件である。しかしこれは始まりでしかない。それは、AEDPがスーパービジョン関係における成長、変化、癒やしに関わると理解している数多くの変容メカニズムのうちの1つでしかない。しかし、こうした関係を築く作業だけでも大きな意義がある。なぜならAEDPのスーパービジョンに訪れるセラピストの多くにとって、こうした関係は新しい体験で、それ自体が変容促進的だからである。

重要概念2　トランスフォーマンスとポジティブの優先（Transformance／Privileging the Positive）

　AEDPのスーパービジョンやセラピー・セッションを支える最も重要な唯一の土台に、人は皆、適応的な環境に置かれれば、健康や癒やしおよび成長に向かう内的動機づけ傾向を備えており、正しい方向へと方向修正をする自己復元力がある有機体だという、生物学や神経科学を根拠にした考え方がある。AEDP用語ではこれをトランスフォーマンス（transformance）と呼び、動機づけにおいて抵抗と対照をなす（Fosha, 2008, 2013b）。トランスフォーマンスは安全な状態が確保されたときに現れる。一方で抵抗や反発、防衛反応は脅威状態で生じる（Fosha, 2013a）。AEDPセラピストやスーパーバイザーは、セッション内の安全確保に努めることで、クライエントやスーパーバイジーが成長や変化に向けて努力し、花開いていけるようにする。スーパービジョンやセラピー中に、うまくできていることを積極的に探していくと、瞬時ごとの安全を創り出すことができる。

　トランスフォーマンスの優先とは、セラピストがトランスフォーマンスに目を見張らせる探偵になり成長や変化のほうに焦点を当てることを指す。原則、AEDPにおいて臨床的な選択が必要な場面では、防衛ではなくトランスフォーマンスを、精神病理より健康やレジリエンスを、昔なじみの病理より新しく、変容と関わり、その瞬間に立ち現れつつあるものを常に優先的に選ぶ。私たち

は、これを**ポジティブの優先**（privileging the positive）と呼ぶ。もちろん、古くからの行動パターンも現れるたびに扱い続ける必要はあるが、できれば今までと異なる新しい体験と並置しながら、繰り返し扱うことが望ましい。

重要概念3　肯定、称賛、喜び（Affirming, Celebrating, Delighting）

　AEDPのスーパービジョンは肯定的な姿勢をとる。AEDPのスーパーバイザーは、スーパーバイジーがすでにうまくこなせているすべてのことをはっきりと称賛し、肯定する。また、介入作業の成長点とスーパーバイジーが伸ばす必要があるスキルを、時間をかけて緩やかに指摘する（AEDP介入忠実性尺度の活用については第4章を参照）。スーパービジョンでは、スーパーバイジーの新しいレパートリーや、思い切って挑戦したAEDPのスキルや達成に焦点が置かれる。同じようにこれから強化すべき点と、新しいスキルや能力を試したセッション場面との選択で焦点を迷ったら、AEDPスーパーバイザーとしては、新しく現れつつある方を優先する。

　AEDPのスーパーバイザーは、スーパーバイジーの新しい治療的達成を肯定し、称賛し、それを喜ぶ。そしてスーパーバイザーが肯定し喜んでくれたことを、スーパーバイジーがどう体験したかをメタプロセシングしながら、獲得したことが定着するようにそれを言葉にして話し合い、その瞬間を最大限に活用していく。トランスフォーマンスに焦点を当てるとき、私たちはうまくいかなかった部分からうまくいった部分へと注意を転換する。そして今見えること、聞こえること、感じること、目撃していること、体験していることを肯定する介入を行いながらスーパーバイジーを導いていく。肯定は励ましとなり自信につながるため、AEDPではなるべく具体的に肯定する。

重要概念4　瞬時ごとのトラッキング──潜在的なものを顕在化させ、具体化する（Moment-to-Moment Tracking—Making the Implicit Explicit and Specific）

　4つ目の重要概念である瞬時ごとのトラッキングと、潜在的なものを顕在化さ

せ具体化するスキルは第2章で詳しく説明するが、シンプルに言うと、瞬時ごとのトラッキングとは対人関係でのマインドフルネスである。私たちはただ気づく。スーパーバイジーが何を感じ、私たちにどう反応しているか、推測したり知ろうとしたりする必要はなく、ただ瞬時ごとにトラッキングしていく。そしてまなざしや、触れること、聞くこと、匂いの感覚、動きや姿勢、エネルギー、思考などすべての感覚を使ってお互いを感じていく。AEDPセラピストとスーパーバイザーは、クライエントやスーパーバイジーを瞬時ごとにトラッキングする。つまり、身体や非言語によるコミュニケーションに気づくことで、スーパーバイジーの体験に意識を向けていくのである。潜在的なものを顕在化するための手始めとして、AEDPスーパーバイザーはスーパーバイジーに、自分のコミュニケーションのさまざまな特徴に気づいてみるよう優しく促す。たとえば姿勢や動き、アイコンタクト、表情、声色、ちょっとした変化、エネルギーなどがそこには含まれ、今度は同じことを録画ビデオのクライエントを見ながら行うよう促していく。「トラッキングと焦点化は、その瞬間の個人の状態を知る機会を与える」（Fosha, 2000a, pp. 271–272）、そしてスーパーバイジーにちょっとしたシフトや感情のわずかな兆し（glimmer）が生じたら、スーパーバイザーは言葉でそれを伝え返す。瞬時ごとのトラッキングは継続的に行われる技法である。潜在的なことを顕在化して手続き的なプロセスを前面に出すのに役立つ言葉および介入としては、観察したことを短い言葉で伝える方法がある。たとえば、「笑顔ですね」「表情が明るくなりました」「うーん、大きなため息ですね」「肩をすくめましたね」といった表現である。

重要概念5　メタセラピューティック・プロセシングとメタプロセシング（Metatherapeutic Processing ／ Metaprocessing）

メタセラピューティック・プロセシングはAEDPの重要概念である。これは潜在的なものを顕在化することを土台とし、またそれを活用していく。セラピーやスーパービジョンで一緒に体験したことを言葉にしていくとき、私たちは潜在的なものを顕在化している。このように体験を振り返る作業をAEDP

第 1 章　主要な概念

ではメタセラピューティック・プロセシングと呼ぶ。これは、セラピーやスーパービジョンについて、何が治療的であるかを振り返ることである。それは、癒やしが起こったらその何が癒やしであるかを体験的に探ることである。AEDP では「ふつう、セラピーの道のりで終点となる地点が始まりとなる」（Fosha, 2000b, p. 72）と考える。この作業のユニークな特徴は、変化や成長は、結果として目指される心理状態だけではなく、それ自体が振り返りの対象となるべき体験だと考える点にある。AEDP では、トラウマ体験を探索するのと同じくらい丁寧に、変容体験や変化の瞬間を探索する。そしてネガティブ感情と同じくらい注意深く、ポジティブ感情に目を向ける。AEDP の典型的な介入として「今、私と一緒にそれをしてみてどんな感じがしますか」という問いかけがある。この問いによりスーパーバイジーは体験を振り返り、左脳的に体験の意味を理解し、変化や体験が、内臓感覚としてはどのように体験されるかを明確に知ることができる。そしてこれらすべては、スーパーバイザーとの関係性の文脈で行われる。メタセラピューティック・プロセシングは、右脳体験を左脳の言語にアップロードして象徴化し、統合し、内省作用を賦活化させる。人は体験するだけでは十分ではなく、体験したことを認識する必要があるのだ！

　大文字の「M」のメタセラピューティック・プロセシング（Metatherapeutic processing）は、セッション全体や 1 つの体験的作業や成功をクライエントやスーパーバイジーがどう体験したかについての広い範囲の探索を指す（Fosha, 2000b）。一方、小文字の「m」のメタプロセシング（metaprocessing）は、個別の介入や小さい作業について瞬時ごとにプロセスすることを指す。メタプロセシングは、1 つの介入や体験をスーパーバイジーがどう体験したかを探索することを示す言葉として用いられてきた。AEDP ではメタプロセシングを用いて、スーパーバイジーと一緒にプロセスそのものをトラッキングする。メタプロセシングは重要概念であり、具体的な活動なのである。たとえば、「私たちはどんな感じですか」「私もスーパーバイジーだったとき不安だったと知って、どのような感じがしますか」「私が今言ったことの中で、どんなことが役に立ちましたか」「何が役に立ちませんでしたか」「私も涙が浮かんできましたが、そ

49

う聞いてどんな感じがしますか」など、ふつうなら言葉にされず潜在的なままにされることが、メタプロセシングを通じて顕在化され、治療的に価値ある形で活用される。

重要概念6　変容プロセスの地図 ── 4つのステイト

　AEDPの正確さと厳密さは、変容のプロセスの現れ方を詳細に示した、細部に至るまで明確にされた現象学に根ざし、導かれていることに由来する。AEDPの作業は、瞬時ごとに、4つのステイトの変容モデル（図1.1参照）に導かれる。この「地図」は、変容プロセスで起こることを説明しており、AEDPスーパーバイザーに私たちが今いる地点や向かうべき方向を正確に教えてくれる。またこの地図は、スーパーバイジーが提示する臨床ケースと、スーパービジョン・セッションそのものの両方に適用できる。私たちは、個々の二者関係の独自性も認めるが、同時に万人に共通の感情体験が変容プロセスの現象学の中に見出

AEDP：4ステイトマップ

ステイト1　防衛／不安／苦痛
防衛と保身、調整不全、不安、恥、学びに開かれていない状態
▼
ステイト2　コア感情体験／コア
カテゴリー感情：喜び・愛情・幸せ・怒り・悲しみ・恐れ・興奮・驚き、協調された関係性感情（他者と"共鳴"するときの気持ち）、修正関係体験、受容感情体験、学びに開かれている体験
▼
ステイト3　変容体験／変化の体験
「私はやり遂げた」や「私はできる！」という修得感情（誇りや喜び）、自己悲嘆、見られ・認められ・助けられ・寄り添ってもらったことを受け取ること、認識感情、感謝や優しさのヒーリング感情、よりよい変化に関する揺動感情
▼
ステイト4　コアステイト：真の状態かつ一貫した語り
フロー・活力・安らぎ・ウェルビーイング・オープンさ・親しみ・親密さ、リラックス、自己への共感と他者への共感、知恵、明晰な真実、寛大さ

図1.1　AEDP：4ステイトマップ　Copyright ©2016 by Viktor Koen. 許可を得て使用。

され、それがクライエントや文化を超えて普遍的なものであるとも考えている。

　以下に述べる変容プロセスの4つのステイトは、セラピーとスーパービジョンの両方に適用できる。ステイト1は防衛と抑制感情（inhibiting affect）、そしてトランスフォーマンス現象を特徴とし、安全感の協働創出と平行して、トランスフォーマンスの探知が行われる。このステイトの目標は、トランスフォーマンスを強め、防衛の影響を最小化し、内臓感覚を伴う体験への接近を手伝うことである。ステイト2は、感情体験や二者間の協調的な関係体験が起こる状態であり、コア感情体験への到達が特徴である。コア感情体験は深く、身体的で生得的な体験であり、感情や関係性体験、本物の自己体験、気づきのプロセスなどの領域で起こる。ステイト2では、ネガティブな感情価がポジティブなものへと変わり、適応的な行動傾向が出てくるまで、その体験に働きかけ、作業する。ステイト3では変容体験についてのメタセラピューティック・プロセッシングが行われ、身体に起こる深い変容感情の出現が特徴である。変容感情は変容体験に関連したポジティブな感情として体験される。ステイト4つまりコアステイトは、深く純粋で、身体を基礎に起こる統合と内省体験が特徴であり、真実の感覚に導かれて治療的な成果が定着し確立される。

　変容に焦点を当てるAEDPの体験から、私たちは、適応的かつ変容的で、根源的に治療的な体験は、瞬時ごとの身体−感情マーカー［somatic-affective markers 訳注：感情が起こっていることを示す観察可能な指標］を伴い、それは決まってポジティブなものであるということを学んだ。ここで言うポジティブとは必ずしも幸せな感覚を指すのではない。むしろ曲がった壁掛けの絵をまっすぐに直したときのピタッと決まる感覚のように、クライエントが自分について「正しく」「真である」と感じる主観的フェルトセンスを伴う体験を指している。AEDPセラピストは瞬時ごとに揺れ動く感情体験をトラッキングしながら、変容プロセスが軌道に乗っていることを示す微細でポジティブな身体−感情マーカーに注意を向けることを学ぶ。

重要概念7　真の自己と真の他者およびニーズへの瞬間的な応答性

　精神力動療法におけるウィニコット（Winnicott, 1965）の著作でよく知られる真の自己（true self）という用語は、本来感・真正性（authenticity）主観的体験を指している。真の他者（true other）はAEDPの用語（Fosha, 2000b, 2005）で、特定の場面で相手のニーズに応えたいという気持ちを指す。真の他者とは、スーパーバイザーを説明する用語ではなく、スーパーバイジーが、ちょうどよい感じに他者に向き合ってもらい、応えてもらえる体験を表す用語である（Fosha, 2005）。真の他者は、完璧で理想的なスーパーバイザーを指すのではない。むしろ大切な瞬間に身を乗り出し、どのような助けが必要か聞いてきちんと理解しようとし、誤った理解をしてしまっても正しい理解を目指す努力をし、その後スーパーバイジーが体験のすべてを振り返る手助けをする存在のことである。スーパーバイザーはスーパーバイジーの真の自己に対する真の他者であり、同様にスーパーバイジーはクライエントの真の自己に対する真の他者になることができる。この三者関係は、真の他者－真の他者－真の自己としてはっきりと形を結ぶ（Prenn & Slatus, 2014）。

　ここまでの説明で、読者がAEDPスーパービジョンを右脳で感じ、左脳で理論的な知識や理解の入口を感じられたことを願う。ここからはAEDPスーパービジョンの明確な目標に移る。

目標

　AEDPスーパーバイザーは、AEDPの姿勢や精神、原則についてのしっかりした基礎をもたなくてはならない。またスーパーバイザーは、理論と臨床的応用をしっかりと把握しているだけでなく、自身がもつ知識や専門スキルを伝えるための明確な教授法、モデリング、メンターシップ、そしてスーパービジョンのスキルをもっている必要がある。スーパービジョンの最終目標は、臨床家が成長し、変化し、結果として知識や技法がセラピーでクライエントの成長や変化になるのを手助けすることである。

AEDP スーパーバイザーは以下の3つの領域で、AEDP についての臨床家の学びを導く。

1. 知識：理論と理論的土台を教える
2. 能力：AEDP モデルを体験的に実践してみせることで関係性や感情の能力を伸ばしていく
3. スキル：具体的な個々のスキルやスキル群、介入の流れを詳しく説明する

この3つの領域は相補的に進むが、本書の目的に沿って別々に詳述する。本章の残りでは AEDP の知識と能力を伝えることに焦点を当てる。スキルについては第2章で詳しく見ていく。

知識
● 体験の三角形／ステイト1とステイト2

短期力動療法から採用され、AEDP の地図とスキームの中心となっているのが、エズリエル（Ezriel, 1952）が最初に紹介し、マラン（Malan, 1999）が普及させた「葛藤の三角形」から採用された「体験の三角形」である。体験の三角形は逆三角形の形をしており、世界各地の AEDP のファカルティ（専任教員）、教員、スーパーバイザーによって図式化されている（図1.2参照）。

ワークショップでは、両手をV字型に大きく上げ、挙げた両手の間に線を引くことをイメージすることで、三角形を簡単に、かつ印象的に教えられる。自分が体験の三角形になったとイメージしてみてほしい。コア感情は胸の辺りにあり、身体のその部分から始まる。不安と防衛は両手が示す三角形の角にある。コア感情やカテゴリー感情（つまり、喜び、愛情、怒り、恐れ、嫌悪、驚き、幸せ）を回避したり正確に感知できないときには（三角形の底点＝コア感情のF〔core feeling〕）、不安を感じたり（上部の左手の角＝不安のA〔anxiety〕）、不安を調整するための防衛（AEDP のステイト1）（上部の右手の角＝防衛のD〔defense〕）を使っ

53

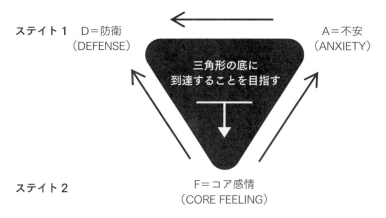

図1.2 体験の三角形　Copyright ⓒ 2016 by Viktor Koen. 許可を得て使用。

たりする。三角形の底点（AEDPのステイト2）では、コア感情に加え、協調された関係性体験や、真正の自己状態（authentic self states）、楽しさ、オープンさを体験する（図1.3参照）。

　AEDP理論では、私たちがコア感情やその瞬間に感じている気持ちを回避するとき、身体的に、この三角形上部、つまり防衛や不安とその症状の中で機能していると考える。三角形上部のステイト1にいるときには、自分や他者との関係において昔からの不適応的なパターンを再体験していることが多いが、自身の身体の中にいて、気持ちに入り込んでいるときは、今の瞬間に存在しており、すなわち、今ここで起きていることを体験できている。AEDPの目標の1つは、これまで怖くて避けてきた気持ちを、安全で調整された方法で、真の他者と一緒に体験することである（Fosha, 2000a）。AEDPでは、感情表現と体験（三角形の底点、つまりF、ステイト2）にオープンになり、クライエントをそこに招き入れ、セラピストとクライエントがそこでつながるスタンスをとる（Russell, 2007）。

　典型的なスーパービジョンの1時間の中で、私たちは立ち止まって体験の三角形を描き、クライエントや、セッション中に生じた感情をその上に置いてみる。クライエントが一番よく使う防衛はなんだろう。クライエントの不安を

どう見分けられるだろう。
クライエントが感じやすい感情は何で、不快な感情はなんだろう。クライエントはどのような対人関係スタイルをもっているだろう。クライエントのアタッチメント方略はなんだろう。クライエントは、セラピストや重要な他者と向き合うとき、

図1.3　心を追加した体験の三角形
Copyright©2016 by Viktor Koen. 許可を得て使用。

軽視型や回避型のアタッチメント・スタイルをとる傾向にあるだろうか、とらわれ型や不安型のスタイルをとることが多いだろうか。クライエントは感情を過剰調整しがちだろうか、あるいは調整不足に陥りやすいだろうか。たとえば典型的な例として、怒ることを恐がっているクライエントについて見てみよう。彼は来談するたびに「私は怒り狂っていたんです」と話しながら、あくびをして、ため息をつき、うなだれる。そして疲れているので休暇や休みが欲しい、一日中寝ていたいとだけ話す。ここでは怒りがコア感情（ステイト2、コア感情およびコアな気持ち）であり、彼のぐったりした様子や疲労感、身体的なエネルギー切れの感覚は、怒りに対する防衛（三角形の左側の頂点、もしくはD、ステイト1：図1.4参照）である。クライエントのあくびやため息は、急に怒りが上昇して不安が高まったので、その不安を調整しているサインである。

　過剰調整なクライエントに典型的な防衛は、つらい感情を笑顔でごまかす、感情が湧き上がると感情を抑える、話題を変える、アイコンタクトを絶つ、受動態の表現を使う、曖昧にする、一般論を使う、理性で片づける、物事を解決しようとする、自立心を誇示する、コア感情は悲しみや傷つきなどであるにもかかわらず、フラストレーションなどの防衛感情を示す、などである。調整不足のクライエントに典型的な防衛には、話すスピードが速くなる、涙もろく感

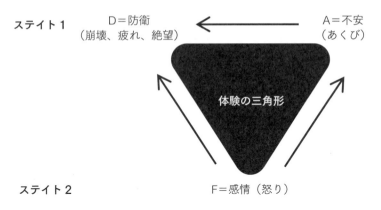

図1.4　クライエントの不安、防衛、コア感情の三角形の地図
Copyright ⓒ 2016 by Viktor Koen. 許可を得て使用。

情的になる、セラピストからの助けを強く求める、他人に問題や解決策を求めるなどがある（それぞれのアタッチメント・スタイルにどのように取り組むかは第5章参照のこと）。

　不安が思考や話し方に表れるときの典型的なサインとしては、何かにとらわれる、反芻する、執着する、気が散る、認知的な混乱などがあることが多い。不安が身体に表れるときは、不快感、神経過敏、切迫した話し方、落ち着きがなくなる、身体症状の訴え、強いアイコンタクトを求める、逆にアイコンタクトを避ける、呼吸が速くなる、汗をかく、トイレに行きたくなる、などが見られる。スーパーバイジーが不安を見せたとき、私たちスーパーバイザーがすべきことは、その不安に気づき、調整し、ノーマライズして、時間をとって不安の根底にある感情（三角形の底、ステイト2）を表現できるように手助けすることだ。なぜならそうした感情が不安を生み出しているからである。セラピーやスーパービジョンに不安はつきものである。だからこそ状況に応じて不安によく目を配り、耳を傾け、不安の存在を捉えられるようにしたい。

　目標として目指すのは、クライエントの不安を調整し、過剰な防衛状態からコア感情およびコアな感情の主観的体験（三角形の底、ステイト2）にとどまれるようになる手助けをすることである。AEDPでは、自分の気持ちを十分に感

じ、自分が何を感じているかを知ることが、自分自身を変えるという信念に基づいている。私たちはビデオの中のクライエントの体験の三角形をトラッキングするだけでなく、スーパービジョンにおいて、スーパーバイジーに対する体験の三角形を使ったトラッキングを行うことも重要である。

　たとえばスーパーバイジーが固く手を握りながら「私には AEDP なんて絶対できない！」と言ったとする。スーパーバイザーはそこで「今何が起こったのですか」とスーパーバイジーに聞き、体験の三角形に位置づけられるよう手伝う。スーパーバイザーは、「私にはできない！」（ステイト１：不安が防衛的な嘆きにつながる）と叫ぶとき、内面にどんなコア感情（ステイト２）が湧きあがったのでしょう？　と、声に出して言ってみてもよいかもしれない。

　AEDP では、図を描き、ビデオの中でクライエントと一緒にいるときスーパーバイジーが三角形のどこにいたかを一緒に体験することで三角形を教える。また、スーパーバイザーと一緒に座っている今この瞬間に、三角形のどこにいるかもスーパーバイジーに尋ねる。スーパーバイザー自身も、手本となって今自分が三角形のどこにいるかを示す。

　　　あなたのクライエントが自分の葬式や自殺について考えていると言ったとき、私自身が不安になったことに気づきました。そしてクライエントに怒りを感じたことにも気づきました。でも今は不安ではありません。クライエントが自分の気持ちを回避していること、そして希死念慮をコア感情への防衛として使っていることについて、あなたからクライエントに話すための手伝いをさせてください。

　こうして、スーパーバイザーが自分の内的プロセスをメタプロセスし使ってみることで、スーパーバイザーとスーパーバイジーが一緒にこの一連の流れを振り返り、学びの機会にすることができる。

　エリザベス・シェトル（Schoettle, 2009）の研究知見によると、スーパーバイジーがステイト１のクライエントと取り組んでいるとき、つまり私たちがス

テイト1、いわゆる三角形の上の作業をしているときに、クライエントは主に自分の防衛や保護方略（つまりD、トライアングルの防衛の角）に基づいて機能している。そのようなときに私たちは、スーパーバイジーがどのように感じるかを予想できる。これはさまざまなアタッチメント・スタイルとその防衛方略の系統に沿って考えるとわかりやすいかもしれない。知性化や最小化、他者に頼れない（self-reliance）など回避・拒絶方略をもつクライエントがステイト1にいるとき、クライエントの防衛および保護的方略は、セラピストに押しのけられ距離をとられる感じや、力不足や無力感を与えるだろう。一方、不安・とらわれ型に特有の高い感情喚起やパニックを伴う方略を用いるクライエントを前にしたセラピストは、クライエントに引きずりこまれる感じを受けて不安になったり、問題解決思考に陥ったり、感情的に圧倒されてしまうことが多い。ステイト1では、スーパーバイジーが刺激されて何かせねばと考えすぎたり、同様に、やる気を喪失してどうでもいいと感じたりする可能性があること（防衛、ステイト1）を予測しておき、ノーマライズすることが大切である。

● メタプロセシングとそれに伴う感情／ステイト3とステイト4

メタプロセシング（ステイト3）は、AEDPにおいて、体験を振り返る活動・介入としてまず理論化された。基本的な介入は「私とこの作業を一緒に行ってみて、どんな感じがしますか」というものである。

その後すぐに明らかになったのは、スーパーバイジーが防衛や不安中心の機能状態から、コア感情やスーパーバイザーとの協調関係状態へ深く入り込むと、達成への誇りや喜び（修得感情：mastery affects）や、かつて失敗したり、喜ばしくなかったり、あるいは協調的でなかったりしたほかの関係性の体験に対する悲しみや痛み（自己悲嘆：mourning the self）といった感情が常に起こることであった。誰かに見られ認められ肯定されたことを感じた後には、目がうるみ、感謝や感動、優しさ（ヒーリング感情：healing affects）が生じ、そして新しい境地の中で、驚きや喜び（ああ、これだ！感情：wow, yes affects）が表れる。ステイト3の変容現象には、誇りと喜びといった修得感情、自己悲嘆、ああ、そう

か、という認識感情、そして理解と肯定がぴたっとくる感覚がある。これらは多くの場合、関係性感情であるため、私たちの知識の基礎の一部となるだけでなく、スーパーバイジーの能力向上にもつながる。これらは常にポジティブな感情であり、自己悲嘆の痛みでさえ喜びとして再生される。なぜなら何かよいものを「得た」ことで、今まで「もてなかった」ことに対する悲しさが引き起こされたからである。

　ステイト4では身体がリラックスし、頭は研ぎ澄まされて集中しながら、穏やかな感覚を感じる。自分の体験に関する真実を心得ており、それを筋の通ったストーリーとして語ることができるが、感情の起伏はない。そして自分の旅路を振り返り、自己や自分に痛みや剥奪を与えた他者のことさえも、思いやりをもって振り返れるようになる。また自分をとりまく世界や自身との深いつながりも感じることがある。

能力

　AEDPスーパービジョンの目標は、少しずつ確実にAEDPの熟知度とコンピテンシーを向上させることである。そのため変化をもたらすために行うスーパービジョン中の作業の多くに、セラピストの自己が関わってくる。私たちは関係性や感情の能力を広げるための作業をしながら、スーパーバイジー自身がスーパーバイザー、クライエント、そして自分との感情や関係性体験を調整する手助けをしていく。

　まさにここで、4つのステイトからなる変容プロセスが私たちの作業を導いてくれる。この知識こそがAEDPの能力構築方法である。AEDPのスーパービジョンでは、AEDPセラピーと同様、4つのステイトを進む動きの促進方法を知っていることが、スーパーバイジーの自己に、確実な変化をもたらす方法を知ることにつながる。スーパーバイザーは、スーパーバイジーがステイト1の防衛と不安、つまり学びに対して閉じた状態から、ステイト2、すなわちコア感情を伴い学びに開かれた状態に移っていけるよう積極的に手助けしていく。コア感情は、スーパービジョンにおいては、修正関係性体験（Ladany et al.,

2012）を積極的に求める中での協調的な関係性状態として体験されることが多い。今ここでの新しいポジティブな学習や、感情と関係性の体験に気づき、統合し、必要に応じて過去と比較して何が新しいのかを一緒にメタプロセシングすることで、スーパーバイジーの感情と関係性の能力を育てていく。

　ほかの具体的な能力には、瞬時ごとのトラッキングによって（対人的に）クライエントを、そして（個人内的に）自分たちを感じる力が含まれる。その中には受け取る能力（つまり、感情受容能力）や、起きていることから影響を受ける能力、そしてそのすべてをクライエントに向けて表現する能力も含む。AEDPセラピストは、セラピストとして自分自身の感情、脳、身体をセラピーの関係性の中にもち込むことを学ぶ。なぜなら、そうすることで新しい学びが起こるからである。AEDPのスーパーバイザーは、体験的な言葉を使った介入による表現力の向上など、スーパーバイジーが臨床能力を向上させる必要がある部分に対して断定を避けた形の提案を行っていく。

　さらなるスーパービジョンの学びの手段として、スーパーバイジーとクライエントに、私たちスーパーバイザーの感情に影響を与えているということを知ってもらうという方法がある。それにより、クライエントやスーパーバイジーは、自分のことをスーパーバイザーに知ってもらうだけではなく、経験という観点から私たちスーパーバイザーのことを知的にも感情的にも知りたいと願うようになる。

● 場面　「彼女にそう伝えたことはありますか」

　スーパーバイザーとスーパーバイジーはビデオを見終えた。コアステイト特有のきっぱりとした発言の仕方で深く感じるセルフ・コンパッションが言い表されると、癒やしのプロセスが終わり、ふたりとも静けさの中にいた。スーパーバイジーは、「私はできる限りのことをしました」と言い、セラピストとしてクライエントから受けた影響を自己開示した。

スーパーバイザー　　　内側で起こっていることに何か気づきますか……この動

画を見て、彼女が自分の痛みにとどまり、それを乗り越えて、セルフコンパッションを深めていった素晴らしい流れを見て。〔潜在的なものを顕在化する〕

スーパーバイジー　彼女が苦しんできたことすべてをとても悲しく感じながらも、彼女がセッションの中で見せた勇敢さに感動しました。すごい。彼女は本当に一生懸命、勇敢に作業に取り組んでいます。内側では大きな恐怖とたくさんのトラウマを抱えているのに。

スーパーバイザー　すごい。本当に見事に表現してくださいましたね。〔ポジティブを優先する。肯定〕彼女にそう伝えたことはありますか。

スーパーバイジー　いいえ。

スーパーバイザー　伝えられそうですか。〔探索を後押しする、技法の幅を広げ、新しいことに踏み出す〕

スーパーバイジー　わかりません。

スーパーバイザー　お手伝いしてもいいですか。〔はっきりと許可をとる〕〔沈黙〕今、私に本当に見事に話してくれましたよね。なんて言いましたか。〔スーパーバイジーの治療的能力を肯定する。「この新しいものをあなたは恐れているけれど、それはあなたがすでに知っていることです」とスーパーバイジーに示す〕

スーパーバイジー　わかりません。「すごい」とは言ったと思います。

スーパーバイザー　ええ、そう言っていたし、ほかにも何か言っていましたよね。なんて言ったか思い出すのを手伝わせてください。〔明確なアタッチメント的介入:「私は力になれます」〕あなたは、彼女の勇敢さに感動したと言っていました。

スーパーバイジー　はい、そうですね。私はこう言えるかと……言うと思います。「ルーシー、あなたの勇敢さにとても感動しています。先週のセッションについて考えていたのですが、あなたにとても感動しました」〔少し促し助けながら足場を作ると、スーパーバイジーは自分で介入を思いつく〕

スーパーバイザー　わー、ええ、とても素晴らしいです。〔肯定〕今あなたが

やったことを見ていきましょう。彼女から受けた影響に対して「私はすごく感動した」と伝えて自己開示しています。〔スーパーバイジーの介入の内容や、探索的に新しい領域に踏み込んだことを肯定する〕そして一緒にいないときでも、あなたの心の中に彼女がいることを伝えましたね。〔スーパーバイジーがすでに行っていることを、AEDP用語やAEDPの基本的な介入に翻訳する「とても困難で大変に思えることを、あなたはすでにやっているのです」〕すごい。〔スーパーバイジーに対するスーパーバイザーの喜びの表現〕声に出して言ってみてどうでしたか。〔スーパーバイジーによる新しいスキルを実践した体験をメタプロセシングする〕

スーパーバイジー　よかったです。〔よい方向への変化の体験に関するポジティブな感情〕

スーパーバイザー　うんうん。いいですね。今、身体の感覚はどうですか。〔ポジティブな体験を深め、身体感覚をさらに広げて感じるよう促す〕

スーパーバイジー　よくなりました。前より楽になりました。

スーパーバイザー　その感じを私に伝えてみて、今どんな感じがありますか。また、大きなリスクをとって、あなたがルーシーにそう伝えたことを、私が本当に感動しているのを見てどう感じますか。〔潜在的なことを顕在化し、スーパーバイジーがスーパーバイザーに与えた影響の自己開示の仕方を、「私がどれほど感動しているかを見てどう感じるか」という形でモデリングする。そして新しい体験を試したことの関係性的側面をメタプロセシングする〕

スーパーバイジー　いい気持ちです。身体はさっきよりずっとリラックスしています。背筋が伸びて、楽に息ができるようになった感じがします。〔身体感覚について尋ねることで、スーパーバイザーは意識的に、スーパーバイジーが今学んだことを、クライエントと一緒に行いたいと思うように前向きな動機づけを創り出す〕今言ったことを彼女にも言おうと思います。こういうことをクライエントにも言ってみようと思います……

スーパーバイザー　素晴らしい練習になりそうですね。

スーパーバイジー　彼女をびっくりさせてしまったらどうなるでしょう。

[現実的にしていくことで、新たな疑問や不安が起こる]

スーパーバイザー　そうですね。彼女にそう言った後、あなたなら何と言いますか。[自分で答えを思いつけるか試すよう促す。実際、彼女は思いつくことができる]

スーパーバイジー　ああ、メタプロセシングして確認すると思います。

スーパーバイザー　ええ、そうすればクライエントがどう反応しているか、動揺しているかわかりますよね。ちなみに私は、クライエントは動揺しないと思いますが。そうすれば、あなたはもう新たな別の作業に入っていけます。もしびっくりさせたとしても、まったく問題ありません。さらに扱う題材が増えるだけです。

　スーパーバイジーが学ぼうとしていることを、スーパーバイザーがモデリングしていることに注目してほしい。スーパーバイジーがクライエントから受けた影響の伝え方を学ぼうとしているときに、スーパーバイザー自身が、スーパーバイジーから受ける影響を伝えてみせている。

　スーパーバイジーの成長を手助けしながら、スーパーバイザーは、スーパーバイジーが介入やメタプロセシングにどのように反応するか丁寧に観察してデータを集めていく。「私が感動しているのを見てどう感じますか」と尋ねるときには、スーパーバイジーが、自分がスーパーバイザーに影響を与えていることを受け入れられるかを見ている。スーパーバイジーはスーパーバイザーの目や表情、ボディーランゲージから、自分が与えた影響をすでに感じとったかもしれない。しかしスーパーバイザーはそれを顕在化したいと考えたのである。瞬時ごとのトラッキングについては、第2章の瞬時ごとのトラッキングの項で詳しく述べる。

● 新しくて珍しく、予想外のまだ形にならない体験を予想し、気づき、つかむ

　私たちはスーパーバイザ-スーパーバイジー関係がもつ成長可能性に積極的に近づき、くっきりと焦点を当てて扱っていく。そしてスローダウンして一緒

に新しい体験をするべき瞬間に気づいたら、その瞬間がもつ変容特性を掘り起こしていく。このように新しく、奇抜で、予想外のことに焦点を当ててメタプロセシングする中で、私たちの関係性と精神内的な能力に成長が起こる。新しくて新奇性の高い領域にこそ、成長と変化は起こる。それは特に、セラピーの手続き的な知識に合わない体験において顕著である。「今、私と一緒にこの体験をしてみて、どんな感じがしますか」と尋ねるとき、私たちはスーパーバイジーが一緒に、今までとは異なる新しい体験をしていることを知ってほしいと思っている。私たちはまだ形をもたない、この体験的風景の領域を知っている。そこでは、新しい神経ネットワークが構築され、スーパーバイジーは「何か変な感じがします」と言うだろうということも知っている。そして体験が形をなしていくにつれ、スーパーバイジーは「何と言葉にすればいいのかわからない」と言うようになる。それが「何でないか」や、「何が欠けているか」について語れるようになり、そしてその直後に、それが何かを正確に言えるようになる。すなわち「これは、恐怖や不安や情動調整が効かなくなっているのではありません！　いつも感じていることがなくなっているのです。興奮する感じというか、いえ多分……強い熱意です」と。

　次の事例では、新しいスーパーバイジーがAEDPのスーパービジョンに訪れる。スーパーバイジーは、スーパーバイザー（つまり、プレン）との初めてのセッションでどう感じたかという直接的な質問に答えている。スーパーバイザーが、彼女と関係的な接触をどのように言葉にして扱えるようにしているか、スーパーバイザーの試みをメタプロセシングしたときに何が起きるか、という点に注目してほしい。

● **場面　新しい体験「なんだか変だ」**

スーパーバイザー　　私との初めてのセッションですが、今どんな感じがしていますか。

スーパーバイジー　　なんだか落ち着かなくて気が散っています。風邪を引き始めたような感じです。キャンセルしようか思ったくらいです。勤務先の

クリニックで担当しているクライエントがいて……彼が臨時にセッションしてほしいと言ってきて……私はできないと言いました。今、彼がショートメールを打ってきています。会っておくべきだった。そうしたらもっと楽だったと思います。でも気分が悪かったので。

スーパーバイザー　それは大変でしたね。教えてくれてよかったです。そうしたら、少しうかがってもいいですか。今日初めてお会いしますね。体調があまりよくないということでしたが、私と会って感情的にどう感じているか聞いても大丈夫でしょうか。

スーパーバイジー　これってセラピーでしたか。それともスーパービジョンでしたか。

スーパーバイザー　これはスーパービジョンですよ。私が尋ねたことに何か反応している感じがありますか。

スーパーバイジー　はい。自分の状態を尋ねられることに慣れていないのだと思います。ああ、もちろん私がセラピストのときはそうしますけど。でも尋ねられるのは初めてで。

スーパーバイザー　そうでしょうね。じゃあ、こう聞いてもよいですか。私がそう尋ねたことについては、どんな感じがしますか。［はっきりと許可をとる］

スーパーバイジー　ああ、いいですね。なんだかわからないけど、変な感じがします。

スーパーバイザー　もう少し教えてもらえますか……

スーパーバイジー　ええ。リラックスした部分もあるのですが、こうして関係に焦点を当てられることがいいと感じられるか、確信がもてない部分もあります。スーパービジョンの中で、そういうことをすることに慣れていないので。私としては、ただ動画を見せてAEDPについて学びたいだけなんだと思います。

スーパーバイザー　そうなんですね。わかります。ただ私の経験では、AEDPを学ぶことや、スーパービジョンを軌道に乗せるために一番よい方

65

　　　　　　法は、一緒にこの作業をするのに十分な安心感を私たちが保てるように、ともに関係に気を配ることです。
スーパーバイジー　　　なるほど、わかりました。
スーパーバイザー　　　そしてもう一度。[優しく、ゆっくりした声で言う]どうですか。私たちはど息が合っていますか。私と一緒にいてどんな感じがしますか。
スーパーバイジー　　　[眉をひそめる]
スーパーバイザー　　　額にしわが寄りました。[「しかめっ面」のように評価が加わっていないことに注意してほしい。ただ描写する]
スーパーバイジー　　　こうなるとは思いませんでした。
スーパーバイザー　　　ではこの瞬間はどうですか。
スーパーバイジー　　　「なんだか変で、新しくて、違う」[彼女の言葉に注目]
スーパーバイザー　　　ええ、なんだか変で、新しくて、違う。その言葉、大好きです。少しだけ戻ってその部分を振り返って、学びのポイントとして使っていいでしょうか。「慣れていないんです」という言葉は、私たちが新しい体験を一緒に作り上げていることを示すサインであることが多いです。そのことに気づくと私はとてもわくわくします。私の考えを知って、あなたはどう感じますか。[メタプロセシング]
スーパーバイジー　　　ああ、わかった気がします。そうですね。あなたのワークショップで習ったのを覚えています。若い男性の動画を見せてくれましたよね。彼は何と言ったんでしたっけ。確か「ただ慣れていないんです……そういうことを期待していないから」と言っていました。
スーパーバイザー　　　ええ、まさにそう言っていました。よく覚えていますね。そして……、もう少しだけ一緒にとどまってみてもいいですか。そう理解してみると、どんな感じがしますか。[許可をとる。時間制限する。メタプロセシングする]
スーパーバイジー　　　いい感じです。ふう、安心しました。ええ、いい感じです！

AEDPのスーパービジョンは、体験的かつ関係性的である。関係を明確にする傾向がある。私たちはセッションを「今日会ってみてどうでしたか」というメタプロセシングの介入で終える。

● **教育と治療の線引き**
　スーパーバイザーとして行うこと、行わないことのすべてが、セラピストとしての働き方の手本となっている。これはスーパービジョンであってセラピーではない。しかし私たちは、スーパーバイザーの役割を担ったセラピストなのである。私たちは信頼でき、予測できる行動をとり、頼りになる存在である。私たちは約束の時間通りに会う。遅れそうになったり、約束の時間を変更したりする必要があるときは、クライエントに対するのと同様にスーパービジョンに確認し謝る。私たちは明確にわかるように助けを与え、またいつでも助けになれるように心がける。

　AEDPスーパービジョンの主な課題は、スーパーバイジーがクライエントを治療するための臨床能力を育てることである。最初に合意されたこの委任は、繰り返し再契約される。この委任は、スーパーバイザーに、スーパービジョン関係における今ここでの感情、経験、防衛、愛着スタイル、不安に直接働きかけてよいという明確な裁量を与える。AEDPスーパーバイザーは、今行っているのはクライエントのためのスーパービジョンであり、スーパーバイジーのセラピーではないことを明確にしながらこうした作業に取り組んでいく。AEDPのスーパービジョンがプロセス志向の性質をもつということは、スーパーバイジーがいらついたり、気分を害したり、防衛的になったりしたとき、スーパーバイザーがそうした反応の背後にあるであろう生育史や力動的背景を尋ねたり知ろうとすることなく、起こっていることにただ丁寧に対処できることを意味している。AEDPスーパービジョンではそのような体験がよく見られる。たとえばスーパーバイジーが「ああ、またこれだ……私はこれがどこから来るのか完全にわかるんです！」と言ったとする。そうしたときにスーパーバイザーは、「これの由来」を知らないまま、あるいは知ろうとしないまま、起きている体

験にとどまって感情を扱い完結させることが生産的かどうかを優しく尋ねていく。

● **治療的瞬間と指導ポイント**

APAの *Ethical Principles of Psychologists and Code of Conduct*（心理士の倫理規定と行動規範）（2010）の中で、スーパービジョン中における治療的関わりは、それがクライエントのためで、スーパーバイザーとスーパーバイジー双方間で合意がとれている限り、いかなる倫理違反でもないと明確に述べている。AEDPの潜在的なことを顕在化していく技法や、相手の許可を得る技法とは、つまり、スーパービジョン中に起こる治療的な瞬間に関する取り決めを明確にできるということである。スーパーバイジーが、セラピストとして学びたい内容に関して、個人的に悩んでいることはよくある。たとえば、スーパーバイジーは人からの褒め言葉を受け取り、自分を誇りに思うこと（つまり、感情受容能力）ができるだろうか。指導と治療の線が交差するまさにこのようなポイントで、セラピストースーパーバイジーとしての自己が拡張していくのである。近年の感情神経科学は、スーパービジョンにおけるこのような体験的学習方法を支持している。新しい学習や記憶の再固定化が生じる大脳辺縁系にアクセスすることで、潜在的で手続き的な記憶と、内的ワーキングモデルを変化させられるからである（Badenoch, 2008; Ecker, Ticic, & Hulley, 2012）。

面接の一場面や一連の作業は学びのポイントとして活用できる。私たちは一連の作業を一緒にやり遂げる。つまり、ある焦点やエントリー・ポイント（第2章参照）から始めて、それを一緒に探っていく。そしてその後、そのエントリー・ポイントは学びのポイントとして使うことができる。これは紛れもなく、私たちが一緒に体験したことなのだ。スーパーバイザーは「今、一緒に体験したことを、学びのポイントとして一緒に振り返って見てみませんか」と言う。こうしてスーパーバイジーは、治療的な瞬間を得て、その体験を振り返ることができ、スーパーバイザーは今起こったことを使って明確に教えていくことができるのである。

第1章　主要な概念

● **指導と治療的場面　「もう十分」**

　スーパーバイジーとセラピスト（プレン）は、これまでのパターンを脱したクライエントとのその週のセッション動画の最初の数分間を見ている。「自分が問題だとは考えませんでした」とクライエントが言う。「採用面接はとてもうまくいったと思いました。先方も私を気に入ってくれて採用してくれたのですが、採用自体が凍結になってしまって。採用凍結が解除されたら、必ず雇用してくれると言ってくれました。そうしてくれると信じています。私は自分を責めなかった。私のせいではない。そうわかっていたし、自分が問題だとはまったく考えなかった」

　「素晴らしいですね」とセラピストは言った。クライエントは笑顔になり、眼が輝いた。セラピストは続けて、「以前との違いがわかりますか。あなたは前より背筋をピンと伸ばして座って、笑顔で教えてくれました。『自分が問題だとまったく考えなかった』と」

　ふたりはほんの一瞬顔を見合わせて笑顔になるが、すぐにクライエントの笑顔は消え、視点が定まらないように見えた。そして彼女は目をそらした。

　「私、まだ怖くなるんです」と彼女は言う。

　「わかりますよ」とセラピストは言う。

　クライエントは4分ほど、自分がこれまでどのように恐れていたかについて話す。いやな感じを探索することに慣れたセラピスト－スーパーバイジーは、うなずき聞いている。そしてセラピストは、彼女がこの一連の作業のエントリー・ポイントとして選んだ地点に話を戻す。これまでと違うことをした体験についてメタプロセシングし、体験を定着させようとしている。セラピストは、「少し戻ってもいいですか —— これまでと大きく違うことをするのはどんな感じですか。そして、そのことを一緒に振り返るのはどんな感じですか」と言った。

　「いい感じです」。再び、小さな笑みが一瞬浮かび、セラピストもほほえむ。セラピストは、「あなたの学生たちは、あなたのことが大好きですよね」と言う。クライエントに関するポジティブなことを2つ3つ挙げた。

クライエントはためらいがちにほほえみ、セラピストと一緒にとどまろうとする。彼女は、「ええ、私には熱意はあるのですが、頭脳がないんです。ほかの教授たちとは違って」と言った。そして彼女は、自分が大学の同僚と違って、いかに優秀でないかということを説明し続けた。セラピストは耳を傾け、うなずき、そして、彼女が過去にどれほど自分に能力が足りない気持ちを感じてきたか探索する。セラピストはポジティブな内容にはとどまらなかったのである。

　「待って。あの……」、スーパーバイザーがとっさに言った。「ここで動画を止めてもいいですか。彼女は博士号をもっていなかったんですか」。私たちは動画を止めて話し始めた。

　「もっています」とセラピスト－スーパーバイジーが答える。「もっていますよ」［ふたりとも笑う］

　「とてもおもしろいことに」とスーパーバイジーが言う。「こんな気持ちが浮かびました。ああ、不安……、そしてこんな考えが……『もう十分』」

　「ああ、ええ……教えてもらえますか」スーパーバイザーが言う。

　「ここで、もう少し続けてもよかったのですね。そうか、今はっきり見えてきました」

　「もう一度見てみましょう」と、スーパーバイザーが提案する。

　ふたりはもう一度動画を2分間見てから話した。「ああ」とスーパーバイジーが言う。「ポジティブになりすぎると、クライエントが来なくなってしまうのではないかと怖かったんです」

　「うーん」、スーパーバイザーは答える。

　「そして」、スーパーバイジーは続ける。「私は5人きょうだいでした。自分のことは自分でしなければならなかった。このことは自分でもまだ知ろうと努力している最中なのです」。そして彼女は荷物をまとめ始めた。

　「あら、待って。まだ時間はありますよ」、スーパーバイザーは言う。「まだあと10分残っています」。

　「あら」、彼女は言い、「また同じ気持ちを感じて『もう十分』だと思ってしまいました」

「一緒にそこにとどまってもいいですか」と、スーパーバイザーは尋ねる。
[**許可をとる**]

　スーパーバイジーとスーパーバイザーは、いつもスーパービジョンの終わりに別れの挨拶をする。まだ時間には余裕があり、時計はふたりから見える位置にある。スーパーバイザーを押しのけるように立ち去ろうとしていたスーパーバイジーは、そう言われて「はい、わかりました」と言い、立ち止まった。「よければ、もう少しだけ時間をとってもよいですか」[**許可をとる**]

　スーパーバイジーは「ああ、またあの気持ちが出てきた。『もう十分』って」と言う。

　「あなたの分は」スーパーバイザーは言い、両手でお椀をつくるようなジェスチャーをした。「子どもの頃、5人のきょうだいがいて、あなたの分はたったこれだけだった」。

　「そうなんです！　私の分は」とスーパーバイジーは言う。

　「それを1000分の1秒だけでも広げられそうですか」。スーパーバイザーはお椀の形にした両手を広げた。

　ふたりは笑い、スーパーバイジーは立ち止まって、スーパーバイザーと一瞬だけとどまろうとした。「難しい」と彼女は言った。

　「わかりますよ」とスーパーバイザー。「だからこそ、今ここで数秒だけでも試しているのです。難しく感じること、わかりますよ。今はどんな感じですか」

　「居心地が悪くて、いい気持ちです！」と彼女は言った。ふたりは目を合わせて笑った。

　これは、治療的な機会がスーパービジョン中の教育的なポイントと交差する瞬間であるだけでなく、並行プロセス（パラレル）でもある。スーパーバイジーの受容能力の成長点が、たとえば、クライエントの成長を助けている能力と重なることがある。これは共鳴現象や、右脳対右脳コミュニケーション、そしてミラーニューロンの働きの不思議な性質のなせる技なのである。受容能力は、スーパーバイザーが提供しようとするものすべてをスーパーバイジーが受け取る力

である。スーパーバイジーと一緒にそこにとどまり、広げようとすることでその能力は拡張していく。

結論

　本章は、2つの逐語を通じて AEDP スーパービジョンの実例を紹介することから始めた。そしてポジティブな関係性体験が、リスクをとることや、ドーパミンに満ち、学びに開かれた状態を促進する上で重要であることを強調した。その後、AEDP の以下 7 つの重要概念を紹介した。（1）孤独を打ち消す、（2）トランスフォーマンスとポジティブの優先、（3）肯定、称賛、喜び、（4）瞬時ごとのトラッキング ── 潜在的なものを顕在化させ、具体的にする、（5）メタセラピューティック・プロセシングとメタプロセシング、（6）変容プロセスの地図 ── 4 つのステイト、（7）真の自己と真の他者およびニーズへの瞬間的な応答性である。また、体験の三角形と、それをスーパービジョンの中でどのように用いるかについても説明した。そして本章のまとめとして、治療的な瞬間を学びの機会として活かす方法や、スーパーバイジーの成長のために、新しく、予想外の体験に気づき、理解する方法について説明した。第 2 章では、これらの概念を実践的なスキルに応用していく。

第2章

エッセンシャル・スキル

　本章では、理論を臨床で実践するためのスキルを概観する。はじめにAEDPにおいて関係が果たす役割と、その中でスーパーバイザーがとるスタンスについて説明する。次にAEDPスーパーバイザーが何をどのように教えるか、AEDPの主要なスキルや介入で用いる言葉の例を織り交ぜながら紹介する。その中で特に、AEDPセラピーから直接取り入れられた体験的技法に焦点を当てていく。

関係の役割は重要である

　関係がスーパービジョンにおいて極めて重要であることは広く認められているが（Angus & Kagan, 2007; Budge & Wampold, 2015; Ellis & Ladany, 1997; Watkins, 2012; Watkins, Budge & Callahan, 2015; Watkins & Milne, 2014）、AEDPのセラピーとスーパービジョンにおいては、関係性の体験の扱い方に特色がある。AEDPではまず、関係やつながりの体験を言葉にして表した上で、その体験を、体験的に（手続き的知識）、そして反省的に（宣言的知識；Binder, 1993; Watkins, 2012）に扱っていく。関係の活用は、AEDPでは一連の特定技法のとして具体的に教えられる（Levenson, 1995）。たとえば「あなたは今、私にどのように反応していますか」「あなたは今、私をどんなふうに体験していますか」「今、私に対し

73

てどのような感覚がありますか」といった介入は、効果的である。このように、セラピストやスーパーバイザー自身の自己や体験を、これまでと異なる方法で、言葉にして表現し活用できると明らかにしたことは、AEDPの心理療法に対する重要な貢献な1つと言える。

理論的には関係は変化の媒体であると言われる（Lipton & Fosha, 2011）が、体験的な観点からこれを言うと、私たちスーパーバイザーは、スーパーバイザーとスーパーバイジーの生きた、本物の関係の積み重ねを利用して変化を促進していく。この関係は複数の階層からなる。スーパーバイザーとスーパーバイジーの関係、セラピストとクライエントの関係、そして、スーパービジョンの作業を通してスーパーバイザーとクライエントとの間に構築される関係もある。うまく進んでいるスーパービジョンでは、クライエント、セラピスト、そしてスーパーバイザーの三者が関係をもっており、その関係性を通じて3人とも学び、変化する。そしてその三者は、進行中の変化のまっただ中にある。臨床経験は長いがAEDPを学び始めたばかりの臨床家が以下のように述べている。

　　これまで受けてきたトレーニングはすべて、いかに私自身を、カウンセリングルームや関係の外に出すかを学ぶものでした。しかし今や、神経科学とアタッチメント理論は、関係こそが癒やしの中心にあると述べています。それが正しいことはわかるし、やってみたい。でも、どのように行えばいいのか私にはわからない。

どうあるか ── 我交流する、ゆえに我あり（Tronick, 1998）

スーパーバイザーのつながることへの意欲や瞬時ごとのニーズに応答する能力、そしてAEDPの豊富な知識、見解、経験を組み合わせれば、ほどよい（good enough）スーパーバイザー（1960年のウィニコットの言葉を借りれば、スーパーバイジーのほどよい母親）になれる。スーパーバイザーとスーパーバイジー

が真摯に関わり、スーパーバイジーがリスクテイキングをして必要なことを求めて、スーパーバイザーがそのニーズに応える（その瞬間のニーズへの応答性をもつ）ことをAEDPでは、真の自己-真の他者関係と呼ぶ（Fosha, 2000b, 2005）。スーパーバイザーは、スーパーバイジーの真の自己にとっての真の他者であり、スーパーバイジーは、クライエントの真の自己にとっての真の他者となる（Prenn & Slatus, 2014; see Figure 2.1 concept by Jessica Slatus）。

　スーパーバイジーとスーパーバイザーがともに体験する真の自己-真の他者関係体験は、協働で創り出される。ふたりで安全さと安心さを高めていくことは、さらなる探索やリスクテイキングにつながる。アタッチメント関係、安全基地（Bowlby, 1988）は、スーパーバイザーが現れて助けようとしてくれる瞬間を、繰り返し一緒に体験することで、継続的に確認、更新される。そうした関係の中で生じる安全感のフェルトセンスを言葉にするとしたら、このような感じかもしれない。

　　　スーパーバイザーといると、私は本当の感情を感じられるし、スーパーバイザーは私を助けてくれます。彼女は私を理解し、私が感じた困難を普遍的なものだとノーマライズしてくれた上で、私が行ったことや、行う必要があったことを一緒にトラッキングしてくれます。そしてうまくいったことを指摘してくれた上で、彼女自身のアイディアをいくつか加えてくれるので、セラピストとしての自己感を拡げていくことができます。

　AEDPのセラピーは、変容をもたらすセラピーであることを目指している。そしてAEDPのスーパービジョンも、何よりもまず体験的であり、変容をもたらすスーパービジョンを目指している。アイリーン・ラッセル（Russell, 2015）は、赤ちゃんの変容しつつある自己（transforming self）や移行期の自己（self-in-transition）にとって母親が変容をもたらす他者（transformational other）であることを述べた精神分析家のクリストファー・ボラス（Bollas, 1987）の著作に触れながら、クライエントの移行期の自己にとっての、変容をもたらす他者としてのセラピ

図2.1　真の他者 – 真の自己としてのスーパーバイザーの役割
Copyright © 2016 by Viktor Koen 許可を得て複製。

ストについて語っている。本書ではその用語をスーパービジョンのプロセスに拡張して適用している。スーパーバイザーはスーパービジョンの文脈の中で、スーパーバイジーの移行期の自己にとっての変容をもたらす他者となり、その中で今度はスーパーバイジーがクライエントの移行期の自己にとっての変容をもたらす他者となる。したがって AEDP では、変容をもたらす他者（スーパーバイザー）と、移行期の自己もしくは変容をもたらす他者（スーパーバイジーかつセラピスト）と、移行期の自己（クライエント）という三者関係がある。

　「理想的なスーパーバイザーは……高水準の共感、理解、無条件の肯定的配慮、柔軟性、関心、注意、注力、好奇心、そしてオープンさを示す」(Carifio & Hess, 1987, p. 244)。往々にして、これらは個人特性とみなされてしまう。つまり、スーパーバイザーは作られるものではなく、生まれつきのものである、と。しかし AEDP では、どう「ある」かのスタンスや、上記すべてをどう「行う」かについて示した関係性スキルが理論に組み込まれている。AEDP の理論的な枠組みは、臨床家のスキルを学ぶ技量だけでなく、これらの潜在的な可能性を育てる技量を支えている。このようになるために具体的な振る舞いをして、これらの特性を表すために特定の発言をすればいいのである。

AEDPのスーパーバイザーのスタンス

　個々の行動の多くは、性格特性を表すが、AEDP の姿勢と技法を使ってこれらを教えることもできる（Fosha, 2008）。たとえば、親切であること、真剣で

あること、きちんとその場に存在感をもっていること、寛大であること（Pizer, 2012）、ともにいること、ポジティブな雰囲気のやりとりを育むこと、一緒にポジティブなやりとりをつくり、ストレスに満ちたネガティブなトーンの交流を修復すること（Schore, 2001）がそこに含まれる。こうした行動を教えるには、単なるミラーリングだけでなく、二者間の情動調整に関わり（Fosha, 2000b）、オキシトシンを発生させるようなやり方で振る舞い、眼差しやアイコンタクトを活用して加減し、優しさを示し、過ちを誠実に認めることや（Ferenczi, 1933）、クライエントがセラピストの心に存在しているという感覚をクライエントの中に育むこと（Fosha, 2000b, adapted from Fonagy, Steele, Steele, Moran, & Higgitt, 1991）が必要である。

　スーパーバイザーはこのような AEDP の治療的姿勢をモデリングするために、スーパーバイジーを歓迎し、スーパーバイジーの具体的な特徴に喜びを感じ、肯定し、認証し、スーパーバイジーがすでにうまくできていることのすべてを称賛する。AEDP セラピストと同じように、AEDP のスーパーバイザーは歓迎し、肯定し、認証し、自己開示し、喜び、称賛し、協力的であり、傷つきやすさを見せ、オープンで（防衛的でなく）、そして応答性がある。何よりも、スーパーバイザーは純粋に関わったり役に立ったりしたいと思っている。

スキル

　AEDP の概念のいくつかは、具体的な技法や技術的スキルに簡単に翻訳でき、目指す姿の AEDP スーパーバイザーになるために、どのようなことを行ったり言ったりすればいいか教えてくれる。ここでは、実際の介入に関する言葉を盛り込んでいるので、ここで紹介するスキルを（そのまま）実践に移すことができる。また、それぞれの概念が使いやすい技法に分解でき、スーパービジョンのセッションに簡単に組み込めることもおわかりいただけるだろう。AEDP ではこれらのスキルを、体験的スキル、ポジティブを優先するスキル、関係的スキル、情動もしくは感情のスキル、そして統合的および内省スキルの 5 つ

のカテゴリーに分類している。

1．体験的スキル
● スローダウン
　スローダウンは、体験的な作業の基礎となるスキルである。スーパーバイジーは自身の内的体験に気づくことを学ぶために、スローダウンする必要がある。このプロセスを始めるための言い回しには次のようなものがある。「スローダウンしてみましょう」「ここで深呼吸をしてみましょう」「時間はありますよ」「ここで止まってみましょう」「うーん……たくさんのことがありますね」「戻ってみましょう」「ここにとどまってみましょう」「それと一緒にいてみましょう」「私たちで……してよいですか」。スーパーバイザーは自分が手助けする方法を知っていることを、言葉でも明確に伝えているし、暗示的にも伝えている。たとえば、「ペースが早すぎる感じがします」あるいは「スローダウンしてみましょう」などである。スーパーバイザーは何をすべきか知っており、積極的に手助けするし、手助けしたいと望んでいる。また質問するより、断言することのほうが効果的であることが多い。ここでは、非言語の振る舞いも同様に効果がある。たとえば、私たち自身が息を吸って吐き、話すスピードを落とし、手を使ってスローダウンのジェスチャーをしたり、意識して呼吸したりする。

● 体験的な言語
　私たちはスーパービジョンで体験的な言葉を使うことで、スーパーバイジーがクライエントに対して同じ言葉の使い方ができるように教える。体験的な言語は、三角形の上部に位置するステイト1から、底にあるステイト2に移行する作業、つまり前頭前皮質的な思考から辺縁系的な体験に移るための作業に取り組むときに使う（図1.2参照）。スーパービジョンやセラピーでは複数の声のトーンが用いられる。たとえば、三角形の上部における日常的で社会的な声と、セッション中に感情を伴った話や感情の状態を共有するときのより深い

トーンの声がある（Schore, 2001, 2009）。体験的な言語の一部は、話し方のトーン、ペース、ピッチ、イントネーションに表れる。スーパーバイザーは話すスピードを落とし、声のトーンを下げようと心がけるが、そうした表現はスーパーバイザーが内的にリラックスすることで生じやすい。体験的な言語を使うと、クライエントとスーパーバイジーが、左脳的な思考から、右脳的で身体で感じる気持ちへシフトすることを助ける。AEDPでは可能な限り、短い単音節の単語を使う。また一度に1つの介入だけ行う。たとえばautumn（秋）のようなギリシャ・ローマ的な単語ではなく、fall（秋）のようなゲルマン的な日常使いの単語を用い、胃腸（stomach）よりおなか（belly）、興味深い（interesting）より大事な（important）という言葉を使うようにする。介入によっては、アタッチメント関係を促進し、深めるのにより効果的なものもある。単音節の「すごい（huge）」「わあ（wow）」「大きなことですね」といった言葉は有効である。あるいはスーパーバイザー側がスーパーバイジーに対して曖昧さを残すこと、そしてセラピストがクライエントに対して曖昧さを残すことで、体験するための余白を生み出すこともできる。たとえば「何かが起こってきていますね」や「たくさんのことがありますね……」は、さまざまな目的に向け効果的に使えるフレーズである。

● 介入の言葉づかい

　AEDPではアタッチメント関係を言葉で表し、明確にしたいと述べてきたが、そのためには、スーパーバイジーの許容レベルに応じて、親しみとつながりに関わるアタッチメントの体験的な言葉づかいを調節する必要がある。あるスーパーバイジーにとっては、私たち（we）という言葉づかいが、最初は親しすぎると感じられる。また、抽象的で個人に引きつけた感じがしない「これは感動的です」という言葉と、より個人に引きつけた「私はあなたに心を動かされました」という表現の違いに気づいてほしい。もし介入からあなたや私、私たちや私たちの、といった一人称や二人称の代名詞を取り除いてしまったら、関係性の温度調整を下げてしまうことになるだろう。これらの代名詞を取り入れる

とき、私たちは関係性をよりはっきりと言葉で表し、体験的なものにして、関係をより踏み込んだものにしている。介入をどのように言葉にするかは非常に重要である。ここでも「私たちはこのことに一緒に取り組んでいますね」や「一緒にこれに取り組みましょう」といったアタッチメントをはっきり言い表す言葉づかいと、より距離がある「このスーパービジョンではこれをゴールとします」のような言葉づかいの違いに気づけるようにしてほしい。

● 瞬時ごとのトラッキング

　これは多面的なスキルである。マイクロトラッキングであり、スーパーバイザーと一緒にいるときの、スーパーバイジーの今ここでの体験を拡大してしっかり焦点を当てるスキルである。それでは AEDP のスーパーバイザーは何をトラッキングしているのだろうか。それは、姿勢、動き、緊張、リラクゼーション、表情、アイコンタクトの変化、話し方、声のトーンや大きさ、ペース、一貫性、呼吸などである。AEDP のスキル構築には、介入の流れを組み立てることや、AEDP を一度に1つずつ身につけられるようなスキルに分解することを要する。これまでクライエントが語る言葉に注意を払い、状況を理解し、解釈を行うことを教えられてきた AEDP 初心者のセラピストは瞬時ごとのトラッキングと呼ばれるものを使うことに気後れするかもしれない。そのため AEDP スーパーバイザーはこのスキルを分解し、AEDP を始めたばかりのセラピストに、最初の1週間は体の動きだけをトラッキングするよう提案する。学ぶ課題を、構成要素の部品に分解するとずっと扱いやすくなる。「毎回のセッションで一度か二度、クライエントの手や、腕、脚、そして足首からつま先に注意を向けて、変化や動きに気づくことを試してみてはどうでしょうか。今週は観察と知覚スキルを実践してみましょう。それだけでいいです」。これがスーパーバイジーにとって、週ごとに実践する「ホームワーク」になる。

　次に、表現スキルを使った介入スキルをつくっていく。スーパーバイザーはスーパーバイジーに次のように伝える。

自分が見ていることをどのようにクライエントに向けて表現するか、自分の言葉に注意を向けながら、気づいてみましょう。質問ではなく見たことを言うことから始めましょう。たとえば「あなたの足が何か言っていますね」「そのことに足が反応していました」「足が動いていますね」「わあ、あなたの足と、私の足も今その話をしているとエネルギーに満ちていますね」

　セッションに瞬時ごとのトラッキングについての発言を散りばめるのを学ぶことは、身体を基礎とする体験的心理療法を始めるためのよい方法である。これは静かに控えめに「気づいていますよ（注意を向けていますよ）」と言える方法であり、また「私は気づくことができる人ですよ」と、間接的に自己開示できる方法でもある。AEDPセラピストは非言語の行動に注意を向ける。たとえば「拳を握っていますね」「あなたの手が話していますね」「今日は表現豊かな手ですね」（スーパーバイザーも同じ動きをしてもよい）「私自身もたくさん動いていることに気づきました」あるいは「ふむ……あなたの手がなんと言っているか知りたいです」といったように。その後、私たちは関係の流れへと目を向けて「私がそう気づいたことや、私があなたに優しく気づきを向けているのを感じると、どんな感じがしますか」と尋ねる。AEDPでは可能な限りいつでも「気づくこと」と、それをメタプロセシングするという2ステップの介入を行う。
　次に、私たちはクライエントのことをもっと詳しく聞くための質問法を教える。というのも、彼らは反応を求めているからだ。「あなたの足はなんと言っていますか」「それを止めないで。何か話してくれているので！　私たちを手伝ってくれています」「もしあなたの足にマイクを近づけたら（そして考えることなく）ただ話すとしたら、足が最初に言うことはなんでしょうか」スーパービジョンではこのような方法でスキルを身につけられる。
　スーパーバイジーの多くは、何週もかけて特定のスキルを試してからスーパービジョンに来る。もしうまくできていたら、成功したことの上にスキルを追加していく。うまく実践できないことがあったら、何が起こったのか興味を

もって一緒に考える。AEDP のスーパーバイザーは、スーパービジョン・セッションの今ここの中でスーパーバイジーとともに実践を行う。スーパーバイジーの非言語コミュニケーションを瞬時ごとに控えめにトラッキングし、気づいたことを言葉にしてはっきり伝える。「笑顔になりましたね！ 顔が明るくなりました」「眉間にしわが寄っていますね……そこに何かありそうですね」このようにしてスーパーバイジーはセッション中に、AEDP のスキルを受け取る側も体験できる。

● 潜在的なものを顕在・具体化させ、顕在化されたものを体験的にする

AEDP セラピストが潜在的なものを顕在化させる際（言葉で表して話し合う）には、具体的かつ細部にわたって体験的に起こっていることに光を当てる。私たちはこうした実際のやりとりから起こる副産物のすべてを作業の背後に放っておくことはしない。むしろ、前面に出すのである。潜在的なものを顕在化することで、今ここに作業を持ち込んで新しい体験ができるようにする。AEDP スーパービジョンでは、スーパーバイジー自身や、スーパーバイザーとの関わりのパターンに気づき、今この瞬間に一緒にいる感覚に焦点を当てることで、AEDP で行うことをモデリングする。そしてスーパーバイジーに詳細を尋ねることで、クライエントに詳細を尋ねる方法を彼らに教えていく。具体的な例や体験の細部にこそ、相互交流の手続き的な方法が前面に出てくるのである。

● エントリー・ポイント

AEDP セラピストは、スローダウンして瞬時ごとのトラッキングをしながら、どこを入口に介入するか、トラッキングから見つけている。そうした場所を AEDP ではエントリー・ポイントと呼ぶ。内側や私たちの間に、感情的もしくは関係的ななんらかの変化やわずかな兆しが現れたことに気づくとき、それこそが私たちが気づいて、つかむ瞬間（Frederick, 2005）なので、私たちはスーパーバイジーを止める。そうした瞬間を捉え、同定し、印をつけ、話題にして取り上げ、しっかり刻みつけることが重要である。スーパーバイジーが行った

何かがとてもよく作用したのだ。ステイトのシフトを含んだ変化が起こった瞬間であるため重要な場面と言える。だからこそ、それに気づき、つかみ、とどまり、何がなぜ起きたのかを理解し、それが何度も起きるようにしたい。そうした瞬間には、アクションを止めて振り返り、メタプロセシングを行うことが重要である。

● **許可を得る**

体験療法においては、単純にはい・いいえで答える質問を避け、（自由に答えられる）開かれた質問で質問することが通則である。AEDPにも同じ原則は当てはまるが、最も重要な介入である、許可をとるという介入で用いる際には例外となる。「こうしても大丈夫ですか」「私たち一緒に……していいでしょうか」「これと一緒にとどまっても・これを一緒に見てみても大丈夫でしょうか」といった介入は、安全感の促進に非常に重要であることを強調したい。そして先に進む前に、力強い「イエス」か、「イエス！」を示唆するうなずきが欲しい。おそらく、AEDPを始めたばかりのセラピストに見られる最大の過ちは、十分な頻度で許可を求めていないことだろう。「ノー」を促し、「ノー」と言っても大丈夫だと伝えるためには、「私に安心して『いやです！』と言えそうですか」あるいは「あなたは『いやです』と言っていいのですよ」といった言葉をかけるとよい。

● **現象学を利用する —— AEDPの作業の錨となるスキーマ**

AEDPセラピストは体験の現象学をガイドとして利用する。体験の三角形と変容プロセスの4ステイト（図1.1と1.2を参照）は、AEDPにおけるすべての作業の中心的な概念図である。スーパービジョンではそれにどのようなスキルが伴うのだろうか。スーパーバイジーと一緒に、私たちはクライエントの防衛、不安、そして気持ちをマッピングする三角形を描き、そして、そこに見えるものを説明するために4つのステイトを用いる。私たちはスーパーバイジーに「私たちは三角形のどこにいるでしょうか。クライエントはどこのステイトに

いるでしょうか」と尋ねる。目指すことはほぼ常に、4つのステイトをより深く降りていくことであり、三角形の上部であるステイト1から、底辺であるステイト2、そして変容感情であるステイト3、統合的な変化の固定化が起こるステイト4に到達するまで降りていくことである。

中断　AEDPでは、自分たちの主観を「私はこう考えています」「私はこう感じています」「こんなことが私の頭に浮かびました」などと言って伝える。また、何かを言い出したり、話しながら軌道修正したりすることで、スーパービジョンの介入を自由に使う能力をもつことを示す。

　　あなたのクライエントを観ながら、私に見えたり感じたりしたのは、そういうことでした……待って……ちょっと考え直してもいいですか。あまりしっくりこない感じがして。少し止まって時間をとってもいいですか。今言いかけて、自分の中に別の反応が起こってきていることに気づきました。

自分の内側で起こった体験をはっきり言葉にして軌道修正を伝えること——「そう言いながら、何かしっくりきませんでした」——は、私たちが中断と呼ぶ技法である。スーパーバイザーとして自分自身を中断することは、声に出しながら考える余裕をもたらす点と、1つのアイディアに固着しすぎないことの重要性をモデリングできるという2つの点で役に立つ。加えてこの技法は、セラピーの中で、言い出したことがあまり正しくなさそうだと気づいたとき（Bollas, 1987）や、クライエントが何か目を向ける必要がある感情のサインを見せた瞬間にも役に立つ。

完了、または「最後まで言ってみて」　文章を完了させる。感情や傷つきやすさ、不安が現れると、人は認知的に停止してしまいがちである。そんなとき、スーパーバイジーやクライエントは話し始めても、途中で止めてしまう。そのような瞬間に、完了を用いる。スーパーバイジーやクライエントに最後まで文を言い終わるよう伝える。たとえば「残念だけど……」「最後まで言ってみて」「残

念だけど、彼女は私に対して怒りそうです」「詳しく聞かせてください」などである。

時間制限を示しつつ受け止める　AEDPでは許可をとる際に、時間制限を用いて枠組みをつくり、作業をまとめることが多い。「これと5分間、私と一緒にとどまってみても大丈夫でしょうか」

2. ポジティブを優先する

● **興奮、楽しみ、成功を探索し、拡大し、利用する**

ポジティブなことを優先する中に、ポジティブに波長合わせし、ポジティブな性質をもつやりとりを探索し、拡大し、そしてはっきりと楽しむというAEDPの目標がある。妨害やネガティブな性質のやりとりが起こった場合、私たちはすぐに、細やかなやり方で、心地よさが感じられる二者の調和状態が再度確立できるまで修復しようとする。新たな介入の取り組み方を学ぶことは難しくもあるが、私たちは一緒に難しいことに向かいながら、興味や興奮、そしてその結果現れる成功といったポジティブ感情に焦点を当てていく。AEDPでは、ポジティブ感情を活用する必要があること、またそれをどのように活用するか、そしてポジティブ感情の記憶や柔軟性、創造性の向上機能をよく理解している。(Fosha, 2007, 2009a; Russell, 2015, p. 100, pp. 265–270; Russell & Fosha, 2008)。

● **歓迎し、肯定し、認証し、喜び、称賛する**

スーパーバイジーが明らかによくできていることすべてを、明確に具体的に肯定し支持することは、何よりもスーパービジョンの中で自信をつけることにつながる。「すでにできていますよ。引き続きもっとやってみましょう！」と言えるとよい。

スーパービジョン・セッションの訓練生であるマイケル・グラヴィンは、以前に受けたAEDPではないスーパービジョンの体験では、彼が間違って行ったことに焦点が当てることのほうが多かったとAPAのDVD「Accelerated Experiential Dynamic Psychotherapy（AEDP）Supervision」(Fosha, 2016; see https://

www.apa.org/pubs/videos/4310958.aspx）で語っている。経験があり、伝えられる臨床的知恵が豊富なスーパーバイザーは、その立場ゆえに、経験が少なく援助とガイダンスを求めているスーパーバイジーに対して、故意ではなくても恥をかかせてしまうことがある（Sarnat, 2016）。

3. 関係的スキル

● **アタッチメント**──**アタッチメントの「私たち感」**

アタッチメントという上位概念の下に、アタッチメント理論を臨床実践に移すための特定の関係のスキルがあり、そこには孤独を打ち消すことが含まれる。これは AEDP の鍵となる概念で、すぐに行動に移せるものでもある。この介入で用いられる典型的な言葉や質問には、「私たち、一緒にそれを見ていってもいいでしょうか」「私はここにいて聞いています……もう少し詳しく話してください……」「私たちは、ここで一旦止まっても、もしくは、テープを巻き戻しても構いませんか」「今、私たちどこにいるでしょう？　あなたと私で」「とっても難しい瞬間ですね」といったものがある。その間、うなずいたり身を乗り出したりといったボディーランゲージを通じて私たちが集中していることを示し、潜在的にも顕在的にも私たちの存在（presence：プレゼンス）を示していく。

互いの心の中に存在しているということは、スーパーバイジーのこれまでの経緯やクライエントを覚えていることと、それをはっきり伝えることで、実行可能な行動に変えられる。スーパーバイジーに以下のように言うとよいかもしれない。「そのクライエントのこと、覚えていますよ。以前、マーシャ（あるいはジミー、ロブ）をビデオで見たことありますよね。もちろん、覚えています」。または、「あなたが先週練習していた介入を覚えていますが、今週も実践してみましたか。リンダにその介入はうまくいきましたか。今週はジャックについて見ていきますが、リンダへの介入がどうなったかについてもぜひ簡単に教えてください！」

スーパーバイジーは、スーパービジョン・セッションで何を体験して、どん

な気持ちになったかはっきり話すことが強く奨励される。スーパーバイジーがスーパーバイザーとスーパービジョンをどのように体験するかは、両者が互いからどのように見られ、聞かれ、感じられているかを体験する双方向の関係性を作る上で、とても重要な要素である。スーパーバイジーは、その関係の中で助けを得たり、サポートされていると感じられたりすることが必要である。スーパーバイザーのほうから、互いの見方を比較できるように、「これが私の見方です」と言った後に「でも、あなたの考えはどうですか」（Fosha & Slowiaczek, 1997, p. 239）と聞いてみることも、とても重要である。

● 自己開示

セラピーでもスーパービジョンでも、自己開示をしようとすると緊張してしまうセラピストは多い。正しくて「中立な」自己開示のやり方があるという考えが巨大に立ちはだかる。そこでAEDPにおける自己開示が何を意味し、なぜ、そしてどのように使うかについて、ここではっきり定義しておこう。

　自己開示は主に2種類ある。1つ目は、自分の体験の自己開示である。これは、スーパーバイザーが、1つのセッションの中で、もしくは複数のセッションを通して体験する感情や内的プロセスを伝えることを指す。相互的なやりとりの中、さまざまな形で私たち自身がさらけ出される。たとえば、悲しみに触れるときには、自分が悲しみに気づき、ためらわずにそれについて話せる人であることが表される。つらい感情に沈黙するときも、それ自体なんらかの異なる情報を示すことになる。なぜなら「不在として存在する（for absence has presence）」（Wachtel, 1997, p. 245）からである。グリーンバーグとワトソン（Greenberg & Watson, 2005）が「すべてを言う（saying all of it）」（p.128）と呼んだ技法について考えてみよう。スーパーバイザーは怒りや喜びを感じたことや、スーパーバイジーと距離を感じたことを伝えるだけでは十分ではない。私たちスーパーバイザーはすべてを言う必要があり、つまりスーパーバイジーに具体的にどの内容について、どのようなプロセスでそう感じたかを伝える必要がある。このようにして私たちは潜在的なものを顕在的に、具体的にするのである。そ

のための介入では、「私はあなたが……遠ざかるのを、リラックスするのを、近づいたのを、変化したのを、緊張したのを感じます」や、「私は……何かが変化したのを感じました」といった言葉を使って表していく。

　ふたりの間の体験を深める上では、どちらかが個人的なこと、特に感情が伴うことを話すことが一番早い (Prenn, 2009)。自己体験を使った自己開示は、スーパーバイザーが自身の人生経験や成功、傷つきやすさ、不確かさ、そしてジレンマについて話すときに使われる。自己開示は安定型アタッチメントを築く介入であり、次のような言葉で始まることが多い。「私もそう感じことがあります……」「私も個人的に……について知っています」あるいは「私たちの歩んできた道は違いますが、私もそんなときにどんなにがっかりする・怖い・屈辱を感じるかわかります……」。スーパーバイザーはスーパーバイジーから受けた影響を次のように自己開示するかもしれない。「今週、あなたのことを考えていました。私も同じようなクライエントと同じような場所で行き詰まったのですが、先週あなたとした会話のおかげで、早く抜け出せました」。スーパーバイジーとクライエントの作業では、スーパーバイジーは「私はあなたの……に心を動かされています」「ありがとうございます。素晴らしい、あなたが本当に……だと感動しています」と言うかもしれない。

　スーパーバイザーが傷つきやすさを見せることは、重要である。たとえばスーパーバイジーが、クライエントのドロップアウトを嘆いているとする。彼女はクライエントがなぜ去ってしまったのだろうと思いを巡らせる。スーパーバイザーはそこでスーパーバイジーに寄り添い、自分にも2回目のセッション後に離れていったクライエントがいたが、今でも理由がわからないと話すかもしれない。たとえば「いろいろ考えることはありますが、最終的にはそのクライエントが去った理由は私にはわかりません」というように。そして尋ねてみてもよい。「私にもそんな体験があると聞いてどう感じましたか。クライエントが1回や2回、あるいは10回のセッション後に去ってしまうこともあるけど、私たちセラピストには、その理由が必ずわかるわけではない、ということを。そう知ってどんな感じがしますか」。スーパーバイザーが、自分も不完

全で間違いを犯すし、知らないこともあるし、傷つきやすさもあると伝えるとき、そこは豊かで変容を可能にする領域が広がるようになる。スーパーバイザーだって、カウンセリングルームのドアを入ってくるクライエント全員と完璧な仕事ができるわけではない。

　スーパーバイザーはメタプロセシングを使って、スーパーバイジーが自己開示のさまざまな側面をどう体験しているか尋ねることができる。これらの介入にはメタ認知として特徴づけられるものがある。「そう考えることはどのような感じがしますか」「『クライエントに自己開示とメタプロセスを行った』と思うと、どんな感じがしますか」「AEDP なんてできないと思っていたところから、すでに自分は AEDP ができていると気づくのはどんな感じでしょう」などである。またメタ感情とされる介入もある。「あなたが今説明してくれた感謝の気持ちはどんな感じですか」「あなたが今感じているセルフコンパッションはどんな感じですか」「以前はそのクライエントについて麻痺したように何も感じないと言っていたけど、今そのクライエントに感じている悲しみはどんな感じですか」といったものである。さらに、メタ身体的介入もある。「その椅子に座って姿勢が伸びた感覚は、どんな感じですか」「腕に力があるとどんな感じがしますか」「内側にそうした変化を感じとって、今どんな感じがありますか」。そのほかに、メタセラピューティックな介入もある。「私のケアやサポートを受け取ってみてどんな感じがしますか」「私たちのつながりを感じとると、どんな感じがしますか」「今日、私と一緒にこの作業をしてみてどんな感じがありますか」など。これらの介入に使われる質問は、「それはどんな感じですか」の質問、「何に気づいていますか」の質問、そして「私たちの間ではどんな感じがしていますか」の質問と言うこともできる（Lipton, 2013）。

4．情動および感情に焦点化したスキル
● 伝え返しを用いた傾聴から体験探索への転換
　体験的−力動的な作業とは、伝え返しを用いた傾聴や反応から、体験探索へと転換させる作業の１つの方法である。AEDP で私たちが最初に教えるスキル

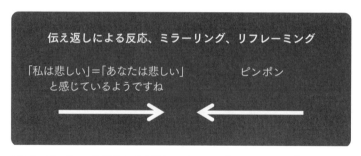

図2.2　ピンポン　伝え返しによる反応、ミラーリング、リフレーミング
Copyright © 2016 by Viktor Koen. 許可を得て掲載。

は、感情を含む言葉や、感情に満ちた言葉に気づき、そこにある内的な体験を探索することである。感情を含む言葉とは、悲しみ、失望、後悔、悲嘆、苛立ちといった感情がこめられ、感情が生き生きと伝わる言葉のことである。たとえば、第3章で詳細に論じられているスーパービジョン・セッションで、スーパーバイザーは「もじもじする」という言葉を、豊かで生産的な探索の入口となる感情がこめられた言葉として認識し、つかんでいる。体験を説明する際の活力やエネルギーに満ちた言葉や、もしくはその著しい欠如は、セラピストの探求の焦点となる。最も当たり前に行われる介入として、AEDP以外の治療方法の訓練を受けたセラピストが大学院で学び使うことが多いのは、伝え返しと説明であり、探索ではない。しかしAEDPで一番役に立つと考えるのは、クライエントが何をどのように体験しているか知ることである。そしてこの重要なスキルこそが、伝え返しから体験的作業への転換を起こしていく。

次の2つの短い例を比較してほしい。1つ目はこうである。

クライエント　　とても悲しい気持ちです。
スーパーバイジー　　悲しそうですね。
クライエント　　ええ、そうなんです。良くなっていきそうもない。
スーパーバイジー　　今、良くなっていきそうもない。

第 2 章　エッセンシャル・スキル

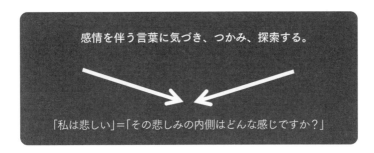

図2.3　感情を伴う言葉に気づき、捉える。
Copyright © 2016 by Viktor Koen. 許可を得て掲載。

私たちはこのようなやりとりをピンポンと呼ぶ。受け取った感情をクライエントやスーパーバイジーに返していく。（図2.2参照）
　一方で、次の例について考えてみよう

クライエント　とても悲しい気持ちです。
セラピスト　どんな感じなんでしょう……良くなっていきそうもない悲しみは。
クライエント　ああ。希望がない感じです。
セラピスト　良くなっていきそうもないという気持ち……それはどんな感じでしょうか。
クライエント　重荷みたいな感じがします。
セラピスト　その感じに気づいたのは素晴らしいですね。その重荷はあなたの体の内側のどこにありますか（図2.3参照）

　このスキルを教える際、スーパーバイジーには、感情を伴う言葉に気づいたら、必ずその言葉に気づいて、つかみ、それがどんな感じか探索するよう伝える。スーパーバイザーはまずお手本を見せ、スキルの練習を簡単な宿題としてスーパーバイジーに与え、スキルの体験と講義的な学びの両方が得られるようにする。

● 介入のモデリングをする

スーパーバイザー これを実行することを想像するとどんな感じがしますか。

スーパーバイジー ちょっと気が重いです。

スーパーバイザー 気が重い感じ……今、あなたの内側はどんな感じですか。聞いてもいいですか。

スーパーバイジー はい、大丈夫です。ああ……内側で自分が縮こまっているのを感じます。

スーパーバイザー そこにとどまっても大丈夫ですか。内側で縮こまるその感じはどんな感じですか。

スーパーバイジー 胸の中がそわそわするような感覚、ちょうどこの辺りが[鎖骨に手を置く]。そして、私にはできないという考えが起こってきます。AEDPなんて、私にはできるようにならないのではないかという恐怖、そしてあなたが私を良く思ってもらえないのではないかという恐怖。

スーパーバイザー なるほど、そうですか。そのことを私に言うのはどんな感じですか。

スーパーバイジー 弱い部分を見せている感じです。

スーパーバイザー 弱い部分を見せるのは、どんな感じですか。

● ポートレイヤル

　ポートレイヤルは、感情や表現する能力を育てるための技法で、AEDPのセラピーやスーパービジョンの中での特定の関係の力動を探るために使われる。ポートレイヤルでは、過去や現在、未来における、実際の場面や、想像上の場面にクライエントやスーパーバイジーを招き入れ、想像を媒介に、修復体験をしてもらったり、これまで恐れたり回避してきたことや、そうあってほしいと望んでいたことを体験してもらう。イメージが鮮明で具体的であるほど、ダイナミックで感情的な体験とつながることができる。ポートレイヤルのイメージと比喩は、実際の体験と同じくらい脳の多くの領域を活性化する（Pally, 2000, pp. 33, 132）。セッション中でのポートレイヤル体験は、力動的な題材を扱うの

に役立ち、逆転移の問題に光を当てることもできる。ポートレイヤルで使われる言葉は、スーパーバイジーの体験的・感情的な能力の範囲を広げる。スーパーバイジーがこれまで苦痛や恐怖および切望に関わる内容として回避してきた人や感情、状況に、心の内側で少しずつ対峙するにつれて、セラピーの中でクライエントとつながる能力も向上する。ポートレイヤルは、スーパーバイジーがより自己主張し、自信を得て、感情につながり、自分自身のために適応的な行動をとれるようになるのに役立つ（Prenn, 2010）。

　AEDPのスーパービジョンでは、スーパーバイジーのクライエントに対する介入の言葉の幅を広げるためにこのツールを使う。ポートレイヤルは、反応や問いかけを形づくり始める方法であり、言葉にし、新たな表現の神経ネットワークを構築する方法である。標準的な介入には「もし何も気にせずに話したり行動したりできるとしたら、これについて感じたことをクライエントに伝えるためになんと言いますか、あるいは何をしたいですか」というものがある。それは、クライエントへの別の対処方法やスーパーバイジーが陥るジレンマを解決するための代替手段を、想像し体験するための方法である。さらにシンプルな介入としては、「そこでなんと言うでしょう」と言ってみるのでもよい。

　以下の場面では、肯定、モデリング（スーパーバイザーが介入のモデルを見せることで、どんな介入が行えるか先に説明する）、許可を求める、想像を用いる、といったスキルが実際に使われていることに注目してほしい。

スーパーバイザー　　クライエントに……、スザンナになんと言うでしょう。
　　［ポートレイヤルを開始しモデリングする］
スーパーバイジー　　わからないです。このクライエントとは問題が多くて。彼女は私のどんな介入も避けてしまうんです。うなずいてはいるし、感情が出てきている感じもしますが。彼女と私はつながってはいて、何かを捉えつつあるのですが……でも、そうすると彼女は手を振って「そうですね、でも！」と言って私を否定するんです。そして感情や私から離れていってしまう。彼女のことはとても好きですし、彼女のそういう私を拒否する部

分がどこからくるかも、本当は理解できているのですが、それでも彼女から締め出されて、いらないと言われている感じがしてしまうんです。彼女の助けになりたいのですが、追い払われているように感じるんです！

スーパーバイザー　今、あなたがおっしゃったこと、とてもいいと思いましたよ。［スーパーバイジーに対して喜びを表現］今、言えていたと思います！　今起こっていることすべてをクライエントに伝えるとしたら、なんと言えばよいでしょうか。［スーパーバイジーがすでに行っていることをすべて肯定する］

スーパーバイジー　わかりません。

スーパーバイザー　そうですか、クライエントに対して、その時どんなことを感じていたか、今とてもうまく話せていたと思いました。彼女に伝えてみることを想像してもらえますか。［スーパーバイジーに頑張ってまずは想像してもらう］

スーパーバイジー　彼女に伝えるんですか。

スーパーバイザー　ええ、そうです、彼女に伝える……伝えてください。もし彼女が今ここにいたとしたら、なんと言うでしょうか。彼女をなんと呼んでいますか。スザンナ、それともスージーですか。［クライエントの名前を直接呼ぶことは、ポートレイヤルを始めるスタンダードな方法である］

スーパーバイジー　スージーと呼んでいます。

スーパーバイザー　それでは「スージー、私はあなたのことがとても好きですが、あなたから閉め出されているように感じます」と伝えてみましょう。ほかに何か彼女に言いたいことはありますか。［ポートレイヤルを開始し積極的に助ける］

スーパーバイジー　あなたは私を拒絶している。

スーパーバイザー　ええ、そうです。続けてください。彼女に直接伝えてください。［肯定、励ましを表す］

スーパーバイジー　スージー、あなたは私を拒否している。あなたはうなずいて「はい」と言うけど、その後、手を振って私を払いのける。あなたには、私が見えていないような感じがします。自分がとても小さくなったよ

うに感じてしまう。まるで私を見てくれていないみたいで。

スーパーバイザー　ええ、その通りですね。彼女に対してどんなふうに感じますか。

スーパーバイジー　あなたに鞭で打たれるように感じる。一緒にいて安全だったと思っていたら、急にあなたに拒否されて。そんな瞬間にあなたに本当に見捨てられたように感じる。[少し驚いたように]ああ、この感じ知っています。ああ、この感じがどこから来るかわかります……ああ、なるほど。

スーパーバイザー　何が起こっていますか。何に気づいているのでしょうか。聞いても大丈夫ですか。

スーパーバイジー　これは私の問題、私の過去に関わることです。私自身の子ども時代からきていることを知っています。これがどこから来ているかはっきりわかるから、お伝えもできます。

スーパーバイザー　話したいと思ったら、話してくださってもいいですよ。この場の目的を考えたら、必ず話さなくてはいけない、というわけではないですが。

　ここでスーパーバイザーはスーパーバイジーに、クライエントとの体験をより深く掘り下げ、逆転移やその力動を解き明かすように勧める。スーパーバイザーが彼女の過去の詳細を知らなくても、スーパーバイジーはクライエントであるスージーとの間の力動を理解していく。

5. 統合的および内省スキル
● メタプロセシング

　このスキルは、セッションとセッションの間のスーパービジョンの作業で感じたよい気持ちや、成長促進につながったことに焦点を当てる。体験やスキル、新たに学んだこと、スーパーバイジーの質問への答えについて、一緒に顕在的に探求することで、スーパーバイザーとスーパーバイジーの双方にとって、一

緒にいる間に何が起こったかを知り、記憶する手助けとなる。スーパーバイザーは、スーパービジョン・セッションの最中や、各セッションの終了時にメタプロセシングを行う。

● 足場をつくる・ナレーションする

スーパーバイジーが目をそらすなど関係に関わる何かがあった後には、その変化についてスーパーバイザーは「今、何が起こったのでしょう」と優しく尋ねる。するとスーパーバイジーは、スーパーバイザーの発言で役に立たなかったこととその理由を伝える。スーパーバイザーは時間をとって足場をつくり、もしくは起こったことを要約したり振り返ったりすることで、一旦それを外に出して共有し、次の探索を開始できるようにする。

　私はあなたが目をそらしたことに気づきました。それは、気づき、つかむべき瞬間でした。あなたは、私が言ったどの内容が役に立たなかったのか、なぜ役に立たなかったのか、そしてそれが身体的にどう感じられたかを教えてくれ、それから私たちはふたりとも前よりリラックスしてつながれていると感じていることに気づき、その感じについてメタプロセシングしました。「こっちのほうがよかったです……いい感じでした」とあなたは言い、そのことについて一緒に笑いました。あなたが必要としていたことを教えてくれたので、私たちの頬に色が戻ってきました！　ここは少し学びのポイントだと思いますが、私は何をして、それをどう感じましたか。そして今、私たちの間は、どんな感じでしょうか。

このように足場をつくることで、第1章で述べたように、右脳の体験を、左脳を用いた反射と言葉で解釈することができる。

● ナレーションする・声に出して考える・セラピストの行動を述べていく

コンセイサオ、岩壁、エドリンら（Conceição, Iwakabe, Edlin et al., 2016）は、

スーパーバイザーが、スーパーバイジーの臨床経験水準に合わせて、セラピー・セッションの動画を見ながら考えたことをどう共有するかを記述している。初心者の臨床家に対しては、まず考えを声に出すことでモデリングし、そこにスーパーバイジーも参加してもらい、考えを共有してもらう。より経験を積んだ臨床家に対しては、まず考えたことを声に出して言ってもらい、それから「もしよければ、私が気づいたことや思ったこと、あるいは、ほかにできそうなことを少し付け加えてもいいですか」などと言ってもよい。ここでも、許可をとることは、ほとんどの場合、AEDP スーパービジョンの指導の一部あることに注目してほしい。

● **スーパーバイジーから具体的なフィードバックを引き出す**

ネガティブなフィードバックを取り上げることは、私たち誰もが直面するよくある難題の1つだが、それでもスーパーバイジーからネガティブなフィードバックを引き出すことは不可欠である。「私たちうまくできていますか。今日はどうでしたか。何が役に立ちましたか。何が役に立ちませんでしたか」と忘れずに尋ねる。AEDP ではポジティブな部分を優先してはいるが、スーパーバイジーが、セラピー・セッションのどのような側面もメタプロセスできる能力を伸ばす必要があることも理解している。ネガティブなフィードバックを引き出す際には、三人称で権威ある知識を提供するのではなく、思いやりや、気配りのある率直さをもち、「私」を主語とした話し方を用いる。そして、体験は必ずメタプロセシングする。プロセスの一部として、スーパーバイザーは自分の質問や介入がどう受け取られたかチェックしなくてはならない。「私がこのことに触れたことで、何か反応が起こっているようですね」。私たちが起こっていることを、判断を加えず好奇心をもって描写しようとしている点に注意してほしい。不安がプロセスを進めている可能性が高いので、ほかのことをする前に不安を調整しておきたい。

私たちは3種類の方法で、ネガティブなフィードバックを引き出していく。1つ目はスーパーバイジーに具体的に尋ねる。たとえば、「具体的に、私が

言ったどの内容があなたにとっていい感じがしませんでしたか」「そのことがどう影響しましたか」「聞いてもらえている感じがしないと言っていましたね。具体的にどのようなときだったかなど、例を教えてもらえますか」といったように。こうして、スーパービジョンの時間内で話した内容の中に具体的で実際的な例を求めていく。

　ネガティブなフィードバックの要求に応えてスーパーバイジーやクライエントが、私たちがスーパーバイザーやセラピストとして彼らに合っていない理由を説明することがあるが、これは有益な情報なのだ。私たちはすべての人の役に立てるわけではない。そうしようと努力したり、合わせようとしたり、工夫したりすることはできるが、時にはどうしても合わない場合もある。もしそう言われたらスーパーバイザーは「以前にも言われたことがあり、自分でもわかっていることでした」と答えるとよい。これではっきりと「あなたのせいではありません」と伝えるのである。またこれはスタート地点なだけでゴールではないので、その後、必ずメタプロセスを行うようにする。こうした真正性がある瞬間は気持ちよく感じられる。偽りがなく防衛がなく、オープンで積極的な関わりをもっているからである。

　ネガティブなフィードバックを引き出す2つ目の方法は、波長合わせとその中断、修復のサイクルをモデリングすることである（Safran & Muran, 2000; Tronick, 1998）。誤りも起こりうるし、波長合わせの失敗も起こりうることを、私たちは見せていく。波長が合っていなければ（たとえば、意図せずに恥をかかせたり、傷つけるような形で介入したりすることなど）修復しようとする。私たちはメタプロセスを行うので、そうしたことが起こっていることを知り、修復することができるのである。このプロセスは、亀裂と修復のサイクルをモデリングし、またスーパーバイザーに何が役に立たないのかを知らせる。

　ネガティブなフィードバックを引き出す3つ目の方法は、非言語的なコミュニケーションの活用と理解を通じて行われる。スーパーバイジーが肩をすくめたり、ペンをくるくる回したり、パソコンを閉じたりしたら、何かに反応しているのかもしれない。ここは、瞬時ごとのトラッキングスキルを活かすと

ころである。たとえば、「今『はい』と言いましたが、話しながら肩をすくめていましたね。もしもあなたの肩が話をするとしたら、なんと言うでしょうか」または「気づいたのですが、もし間違っていたら訂正してくださいね、あなたが『はい、それをやってみます』と言ったときに、少しためらいがあるようでした」といったように。

　足場をつくる介入は、こうした瞬間にも特に役に立つだろう。たとえば、「ええ、これは役に立ちます、あなたは黙って肩をすくめましたね。[スーパーバイザーも肩をすくめる] あなたの体はなんと言っているのでしょうか」や、「私たち、セッションの最初に長く話をするので、いつもクライエントとのセッション動画を見る時間が十分にとれないこと気づきました」などと言ってもいいかもしれない。

結論

　AEDPの核となるスキルの入門編として書かれた本章では、ポジティブなスーパービジョン体験に必要な姿勢や技法の鍵となる要素に焦点を当てた。真の自己と真の他者という理論的な概念を拡張し、AEDPスーパーバイザーをスーパーバイジーの移行期の自己を変容させる他者として説明した。AEDPの理論を5つの使いやすい介入の形で説明し、実際の介入例を提示した。その5つとは、(1) 体験的スキル、(2) ポジティブを優先する、(3) 関係的スキル(4) 感情および情動に焦点化したスキル、そして (5) 統合的・内省のスキルである。もし、しっくりくるようであれば、スーパービジョンのセッションでスキルのいくつかを実践することをお勧めしたい。

　次章では、スーパービジョン・セッションの逐語を最初から最後まで注釈付きのコメントとともに検証しながら、概念とスキルがどのように組み合わされて使われるか見ていく。

第3章

AEDPスーパービジョンの実際
──AEDPスーパービジョン・セッションのマイクロ分析

　AEDPが目指すのは変化の瞬間である。変化の瞬間をどのようにもたらすか、そして変化が起こる瞬間を最大限に活かすにはどうするか。スーパービジョンでも、よい方向への変化が起これば肯定して喜び、変化が起こっていなかったら、そのことにはっきり気づかなければならない。その両方、つまり、プロセスがうまくいったときといかなかったときの両方が、スーパーバイザーには教育のための、スーパーバイジーには学ぶためのよい機会となる。安全な関係性を協働で構築し、スーパーバイジーに揺るぎないサポートを提供することも非常に重要である。孤独を打ち消すことで、私たちはさらに深い作業に一緒に入り、学習が起こるようにより多くのリスクをとることができる。それは私たちが、恥を喚起することなく厳密さを追求することを可能にしている。

　この章で紹介するダイアナ・フォーシャと、スーパーバイジーのマイケル・グラヴィンによるスーパービジョン・セッション（Fosha, 2016）から、信頼が確立されると、リラックス感や体験の深まりが生じることがわかる。そしてそうした深まりは、クライエント、スーパーバイジー、スーパーバイザーに見てとれる。ここで、私たちは、取り組むべき厄介な問題が、それに伴う苦しい感情とともに深まっていくのを目の当たりにする。またその体験とともに、自信やウェルビーイング、穏やかさ、明晰さ、ポジティブな感情が深まる様子が見られる。

第3章　AEDPスーパービジョンの実際──AEDPスーパービジョン・セッションのマイクロ分析

スーパービジョン・セッション開始の瞬間

ダイアナ　　こんにちは、マイケル。
マイケル　　こんにちは、ダイアナ。
ダイアナ　　会えて嬉しいわ。
マイケル　　また会えて嬉しいです。
ダイアナ　　これから一緒に作業できることが楽しみです。
マイケル　　私もです。

　こうした会話は単なる社交辞令のやりとりに見えるかもしれない。しかし温かく迎えることで始めるのが重要なのだ。このスーパーバイザーは厳格でも中立でもなく、スーパーバイジーと一緒にいられる喜びを積極的に表している。恥とその変容の仕方についての素晴らしい本を著したゲルシェン・カウフマン（Kaufman, 1996）は、子どもが両親の喜ぶ表情を見て、自分と一緒にいたいという両親の欲求を実感することの大切さを述べている。アタッチメント対象（ここではスーパーバイザー）から交流を始めることは、恥に対する予防接種をするようなものだ。受け取った側は「自分は求められている」「大事な存在だ」と感じられるからである。このように、ありきたりに見える会話の中にも、AEDPが出会いの瞬間からアタッチメントを基礎にした姿勢をとる様子が見られる。スーパーバイザーは率先して「私はあなたと一緒にこの作業をすることを望み、あなたが存在してくれて嬉しい」というメッセージを伝えている。

ダイアナ　　それでは（あなたのクライエントの）話を聞くところからスタートしましょうか。[**スーパーバイザーがリードして、やりとりを構成する**][マイケル「もちろん」]そして、それから動画を見ていきましょう。
マイケル　　はい。クライエントはエイミーで、これはまだ3回目のセッションです。とても初期の作業です。彼女がセラピーに来たのは、最近夫が家

101

を出て、彼女との離婚を望んだからです。エイミーは混乱してフラストレーションを感じ、悲しんでいます。また夫がなぜ離婚を望んでいるのかもはっきりしないので、さらに混乱しています。

ダイアナ　なるほど、すると彼女には、はっきりわからないのですね。［具体化を求める］

マイケル　そうなんです。これだというような理由もないので。夫がどうしているかエイミーは少し心配しています。彼の体重が大分減っているし、よく眠れていないようなので。そして、夫婦共通の友人でもある、夫の友人たちも彼が心配だとエイミーに伝えています。エイミーは離婚したくないのですが、彼のほうは断固として離婚したがっているので、彼女はどうしていいかわからなくなって私に「どうすればいいでしょう」と聞くのです。

ダイアナ　いいですね。彼女にとってはよくはないですが、全然よくないですが、でもわかりやすく話してくれてありがとうございました。

スーパービジョンでは、スーパーバイザーもクライエントを知り、クライエントのもつ課題や力動を感じながら、スーパーバイジーをガイドすることが重要である。

ダイアナ　すると……彼女は、実際は2つのことを体験しているのですね。1つは離婚の痛み、そして、それだけでなく彼のことを心配して、混乱している。［マイケル「そうです、そうです」］まだ初期の段階ですよね、3回目のセッションですし、でも何か（このセッションに関わる）文脈で、私たちが知っておいたほうがいいことはありますか。［私たちという言葉を使い始める］

マイケル　そうですね。前回のセッションでエイミーはフラストレーションについて話していました。物事をこなすことが難しくなっていると。日常生活はきちんと送れているのですが、仕事も休みがちになっています。感情に圧倒されやすく、ガクッときてしまうことも多い。前回のセッションで私は、彼女が自分の怒りに触れられるようになったら、もう少し安定し

て機能できるようになるのではないかと思いました。彼女自身もそのようなことを言っていましたが、前回はそこまで到達できなくて。でも悲嘆のような感情には到達できたので、前回は悲嘆を扱う作業を少しして、それはとてもよかったです。

　スーパーバイザーの質問によって、スーパーバイジーは自分の頭の中にあることを出すことができた。スーパーバイジーはクライエントの現在の機能を心配しており、彼の中では、前回のセッションでやり残したことがあった。そしてクライエントへの心配を暗に述べつつ、クライエントに正しく対応できたか自問自答していた。クライエントの激しく、調整不全な感情を扱わないでおくことで、彼女の機能を低下させたままにしたくなかった。こうした言葉からも、スーパーバイジー自身がある程度扱いたいテーマをもってきていることがわかる。クライエントが十分扱いきれていない気持ちに立ち戻ること、これはAEDPが取り上げる課題でもある。なぜならAEDPは感情に焦点を当て、圧倒されるような感情にクライエントが耐え、調整し、処理できるように一緒に手助けをするセラピーだからである。

ダイアナ　　わかりました。彼女は何に悲嘆を感じていたのですか。

マイケル　　ああ、関係を失ったことへの悲嘆です。それでこのセッションでは──動画を用意しながら話しますね──すぐにその質問にも戻ります──彼女がフラストレーションについてまた話し始めます。フラストレーションを扱う作業を一緒に少しだけ行うと、彼女はコア感情に降りられたのですが、すぐに浮上してこう言いました。「起きてしまったことは受け入れて、前に進まなくてはならないんです」と。私は彼女をもう一度、引き戻したいと思いました。彼女の気持ちを認証し、恥をうまく扱って、ドロップダウンしてフラストレーションに戻れるようにしたいと思いました。それが今から見せる場面で私が行っていることです。

ダイアナ　　わかりました。ありがとうございます。

「ありがとうございます」と言うことでスーパーバイザーは、スーパーバイジーが焦点をぶれさせず明確でいることと、自分から質問をしてくれたことを肯定している。AEDPのスーパービジョンでは、スーパーバイジーから提示された、具体的な課題への質問を通してセッションを構造化することで、たくさんの取りうる道の中から焦点を整理していく。

マイケル　彼女は、とても早くサイクルを繰り返しています。フラストレーションから……「私はこんなことを感じるべきではない」という恥や罪悪感の抑制感情を感じて、また悲しみに戻っていき、さらに悲しみはほかの感情に取って代わられます。ここで質問したいのは、どのくらい彼女をスローダウンさせて作業を深めるべきでしょうか。あるいはどの程度トラッキングを続けて、彼女のサイクルについていったほうがいいでしょうか。
［スーパーバイジーは体験の三角形に沿って質問を組み立てる］

　スーパーバイジーはとてもよくやっている。具体的な質問をもってスーパービジョンにやってきて、自らの理解を体験の三角形に沿ってはっきり説明している。スーパーバイザー（フォーシャ）は、スーパーバイジーがフラストレーションの重要性に焦点を当てていることに気づく。変容プロセスの現象的な区分では、フラストレーションはAEDPで深めたいコア感情ではない。むしろフラストレーションをコア感情に変容させていきたいのである。この時点ではスーパーバイジーが、フラストレーションが複数の気持ちの混合状態（mixed state）（ステイト1）で、怒りがコア感情（ステイト2）だと区別できているかわからない。スーパーバイザーはプロセスが進む間、その点を頭に置いておく。スーパーバイジーがフラストレーションを重要視していることを覚えておきつつ、動画内の現象を見るまで判断を控える。こうしてスーパーバイジーだけでなく、スーパーバイザーにも問いが生まれた。

マイケル　そして……動画の後半で私は彼女を擁護し始めました。［ダイア

ナ：「ええ」] 彼女が自分を疑いながら、この体験をしていたからです。そのため、私は彼女が言ったことのいくつかを、ある意味とても力を込めて伝え返しています。[ダイアナ：「そうですね」] ここで聞きたいのは、それでよかったのでしょうか。やりすぎているでしょうか。

ダイアナ　わかりました。

マイケル　彼女がどう感じたか、こまめに尋ねて確認しているのですが、でも──

ダイアナ　その認証もしくは肯定がうまくいっているかということですね。

マイケル　そうです。そうです。あなたがどう感じるかを聞いて、話し合いたいです。

　自己批判に直面するクライエントに代わってクライエントを擁護することは、AEDPの作業で重要な部分である（Lamagna, 2016）。しかし、その作業を効果的にするためには、波長合わせが必要である。スーパーバイジーは素晴らしい質問をしている。彼がエイミーの代わりに行った擁護は、臨床的に必要なものだっただろうか。波長合わせはできているだろうか。やりすぎだろうか。彼女を肯定することに一生懸命になりすぎて、何か大切なことを見逃していないだろうか。プロセスが彼の質問への答えを教えてくれる。

ダイアナ　いいですね。いつものAEDPのスーパービジョンのように一緒に見ていきましょう。こちらの場面を選んでくださったのですね。場面を見ていて、話し合いたいことや質問したいことが出てきたり、逆に私のほうに質問したいことが出てきたりしたら、どちらからでも動画を止めていいことにしましょう。[進め方を明確にして、スーパービジョンが瞬時ごとのプロセスを扱うだけでなく、**協働的な性質をもつこと、扱いたいことが見えたらスーパーバイザーとスーパーバイジーのどちらでも動画を止めていいことを強調する**]

マイケル　はい。いいと思います。[ダイアナ「よかったです」] これから見るのはセッションの最後の11分間です。

セラピー場面1

クライエント　そのフラストレーションを手放すのが一番難しいのです。［泣く］

セラピスト　そうですか。

クライエント　［止まって、深く息をして、笑顔を見せる］

セラピスト　気持ちを感じてもいいのですよ。

クライエント　［うなずく］ええ。

セラピスト　今ここで。

クライエント　はい。［うなずく］

セラピスト　フラストレーションを強く感じるけど、今は何もすることができない。

クライエント　はい。［うなずき、笑う］

［動画を流したまま、ダイアナは「大きくて素敵な笑顔ですね」と言う］

セラピスト　それはあなたのせいではない。あなたは自分を責めて、でも自分では解決できなくて。とてもイライラしますよね。

クライエント　ええ。［うなずく］

セラピスト　［うなずく］ええ。今何が起こっていますか。

クライエント　時間が経つにつれてなくなるものであればいいな、と願っています。［笑う］

場面1の後のスーパービジョン

マイケル　彼女は三角形の下から抑制感情のほうに浮上してしまったと私は考えました。［体験の三角形の言葉で話す］

ダイアナ　抑制感情、というのは……

マイケル　この状況でフラストレーションを感じるのはよくないと彼女が感

じているようです。そこには少し恥もあるようです。

ダイアナ　なるほど、そうすると —— いいです。続けてください。

マイケル　私は彼女の気持ちを認証します。「もちろんイライラしますよ。フラストレーションを感じる状況ですから —— 突然離婚を切り出されたけど、あなたには理由がわからない」。ここで私は、彼女が抑制感情に向き合ってフラストレーションや怒りのコア感情にドロップダウンできるよう手伝っています。

ダイアナ　ええ、なるほど。いくつかあるのですが。まずは、確かにこれは抑制感情だと思いますが、もう少し「常識的な知恵」みたいなものだと思います。そこまで心理的に回避したわけではなく、「私たちは受容に向けて前進しなくてはならない」といった感じで。[**スーパーバイザーは、スーパーバイジーと少し異なる見方でクライエントの行動を理解している。対立するというよりは異なる見方をもっている**][マイケル「ええ、ええ、ええ」]でもあなたは、彼女が状況を受容することが難しいと感じていることに波長合わせをしながら、しっかり彼女を肯定しています。また肯定するだけでなく、たくさん話もしています。つまりこれは少し心理教育的でもあるのです。[マイケル「ふむ」][**スーパーバイジーの介入をAEDPの言語に翻訳する**]

　スーパーバイザーは、スーパービジョンでさまざまな介入を行うが、まず最初にスーパーバイジーが行っていることをスーパーバイザーの視点、つまりAEDPの言語で語っていく。これがコンセイサオら（Conceição, Rodrigues, Silva et al., 2016; Rodrigues, Conceição, Iwakabe, & Gleiser, 2015）が言う、セ・ラ・ピ・ス・ト・の・介・入・を・声・に・出・すことである。そしてここでスーパーバイザーはそれを行いながら、スーパーバイジーの同意が得られるかも確認している。スーパーバイザーは、スーパーバイジーが自身の行動を理解している前提で（実際ほぼできているが）話していく。1967年のモリエール作「町人貴族（Le Bourgeois Gentilhomme [The Bourgeois Gentleman, Timothy Mooney adaptation]）」で登場人物のひとりが「わかるかい。40年もの間、知らないうちに詩で語っていたってわけさ」と言

う。これと同様、AEDPの中心的介入としてセラピーでもスーパービジョンでも、クライエントが怖がっていることや、スーパーバイジーにとって気が重くなるように感じていることを拾い上げて、すでにそれができていることを示していく。

ダイアナ　そして気持ちの調整が困難な彼女のために、あなたは丈夫な容れ物（container）を提供している……提供し始めていますよね。［認証と教育］［マイケル「そうですね」］「私はここにいますよ。私は、ここでこういうことが起こっていると感じています」と言って。そして、彼女が何にどう反応するかわからないので、質問して確認していますね。「それを聞いてどんな感じがしますか」と。そんな感じでしょうか。［マイケル「そうです」］［セラピストを声にする。つまりスーパーバイジーの行為をスーパーバイザーの視点から語る］

ダイアナ　それがこの最初のパスで、彼女はここで──

マイケル　私が言ったことを、何も受け取ってくれなかった。［マイケルもダイアナも笑う］

ダイアナ　そうですね。「そうですね、まあ、でもね」といった感じで。

マイケル　はい、そして「時間が経ったら、何も感じなくなればいいけど」と言います。［ダイアナ「そうですね」］彼女はまだ「イライラせずに、ただ前に進もう。この感情は無視して」という感じでいる。

ダイアナ　そうですね。［うなずく］ええ。

　セラピストは、自身もスーパーバイザーもよいと思った介入を行っている。しかしクライエントの反応から、その介入がクライエントには響いていないことがわかる。介入は、相手に受け取られて初めて有用なものになる。セラピストはその場でこうした情報を処理し、次の介入の判断材料にする。マイケルは一歩踏み込んだ関係を試みることに決める。

第 3 章　AEDP スーパービジョンの実際──AEDP スーパービジョン・セッションのマイクロ分析

マイケル　そして私はこう考えました。よし、私が言ったことを受け取ってもらえなかったから、私たちという言葉を使い始めながら、彼女に許可をとってみよう。［AEDP の関係性の介入原則を巧みに適用して、防衛を迂回できるか試している］「私たちはここで少し深いところに降りて、フラストレーションを扱ってみるのはどうでしょう」。それが、今から私たちが見る部分です。［スーパーバイジーはフラストレーションをコア感情に分類している。スーパーバイザーが扱う必要のある点である］

ダイアナ　いくつかコメントがあります。私たちはここでも 2 つのことをトラッキングしています。つまり、彼女の情動や感情をトラッキングしつつ、彼女がフラストレーションにどう対処しているかを見ています──ちなみにフラストレーションという言葉自体、彼女が三角形の上部にいることをすでに示しています。

マイケル　［うなずく］なるほど。

ダイアナ　フラストレーションは何かが混ざったもので、怒りとは大きく違います。

マイケル　なるほど、なるほど。［スーパーバイザーは、今のところスーパーバイジーから感情的に大賛成の意思表示をもらえている］

ダイアナ　私たちは片方で感情をトラッキングし、もう一方で関係の要素もトラッキングしていますよね。［マイケル「ふむ、そうですね」］あなたは両方とも、とてもよくできています。［肯定、スーパーバイジーができていることに焦点を当てる］

マイケル　［笑顔］ありがとうございます。［ポジティブな身体-感情マーカー。笑顔は受容を示す。つまり彼はスーパーバイザーの言葉を受け入れている］

ダイアナ　笑顔が出ていますね。［ポジティブな感情が見られた「スーパービジョン中での体験の瞬間」をメタプロセシングすることは大事である］

マイケル　［笑顔］あなたから認証され認められると、とてもいい気持ちですから。

ダイアナ　［笑顔］ええ、ええ。いいですね。

このようにポジティブな感情が出ているということは、プロセスが軌道に乗っていることを表している。肯定的な感情は、動機づけを高めたり、リスクをとる力を深めたりもする。関係性はそうした瞬間の上に構築されるし、探索したりリスクをとったり、オープンであろうとする動機づけもそういう瞬間から築かれていく。

セラピー場面2

セラピスト　私たち一緒にそれに取り組んでいけると思います。［うなずき合う］やってみてもいいでしょうか。

クライエント　［うなずく］ええ、ええ、ええ。

セラピスト　今もそのフラストレーションを感じていますか。

クライエント　はい。フラストレーションを解消するためには、私が彼の見方や考えをもっと理解する必要があると感じるのですが、そうすると、さらにイライラしてしまって。だって、そんなこと絶対できないと思うから。

セラピスト　そうですか。

クライエント　そうするとさらにまたフラストレーションを感じてしまうだけで。［笑顔で、両手で目の前の空気をつかむ］

セラピスト　［動作を真似して］その手は何をしたいのでしょう。

クライエント　［頭を振って、笑顔］

セラピスト　クッションを使いたいですか――。［つかむ動作をする］

クライエント　［笑う］いいえ。私、こうする癖があるんです。［動作を繰り返して笑う］

セラピー動画を流したまま、ダイアナは「少し彼女の自意識が高まっていますね」と言う。

セラピスト　ええ。でも何かをとても表現していますよね。［動作を繰り返し、歯をくいしばる］

クライエント　はい。

110

セラピスト　私には、あなたが彼をつかんで揺すっているようにも感じました。どんなことを考えていますか。

セラピー動画を流したまま、ダイアナが「ここで少し止めましょう」と言う。

場面2の後のスーパービジョン

ダイアナ　素晴らしい。彼女は何かを明確に言葉にしていますね。彼女は理解したいと言っている。［マイケル「ええ」］そしてフラストレーションについて話し始め、こういう動作をした。［マイケル「そうです」］この後に何が起こるか、とても興味深いです。なぜなら、私からするとエイミーがまだまだステイト1にいるからです。彼女はあなたと一緒に行けるでしょうか」。［マイケル「ふむ、なるほど」］行けないでしょうか。この後、答えがわかります。

　ここはとても大切な教育の瞬間である。セラピストが行った介入を見ると、セラピストはクライエントがステイト2との境目にいると考え、コア感情をプロセスするための体験的な介入をしようとしていることがわかる。スーパーバイザーは動画を止めて、原則として、クライエントがまだステイト1にいるときは、怒りの体験的作業ができないことを伝える。これはスーパーバイジーがフラストレーションに対する課題感を話し始めたときから、スーパーバイザーの頭にあったことである。今、まさにその点を明確に伝えるチャンスが訪れた。スーパーバイザーのここでの課題は、スーパーバイジーにいかに恥を感じさせず、かつ厳密さを保ちながら教えることができるかという点である。多くの場合、クライエントの反応の現れ方がそうした問いへの答えを与えてくれるし、またそうした反応に気づく必要がある。セラピストはこれらの合図を読み取りながら、介入方略を調整することを学ぶ必要がある。セラピストに間違えている、と指摘するかわりに、セラピストの介入へのクライエントの反応をトラッキングし、一緒に考えていくことで、実際のプロセスから答えを得るようにする。

マイケル　なるほど。
ダイアナ　どう思いますか。［スーパーバイジーに主導してもらい、彼が潜在的に思っていることを顕在化できるようにする］

　これが並行(パラレル)プロセスの瞬間であることに注意してほしい。クライエントがセラピストの言葉をどう受け取ったか —— あるいは受け取らなかったか —— をセラピストが読み取る必要があるのと同様、スーパーバイザーも、スーパーバイジーが教えたことにどう反応するか —— あるいは反応しないか —— を読み取る必要がある。

マイケル　この瞬間は「ノー」でした。
ダイアナ　そうですか。
マイケル　彼女は私が言ったことを受け取らず、ただ手振りが多いだけだと言っています。彼女はこんなふうには［怒ったような拳を見せる］していなくて、ただこんなふうにしただけでした。［もっと軽い動作をしてみせる］
ダイアナ　なるほど。

　このやりとりは、クライエントの介入への反応を瞬時ごとにトラッキングすることと、新しい情報を使って次の介入をつくっていくことの重要性を示している。スーパービジョンでこうしたスキルを教えることで、セラピストはクライエントの力動的理解を深めることができる。

マイケル　そして私がイメージとして体験したことを話すと、彼女は少し硬い笑いを見せました。
ダイアナ　そうですね。また、彼女は恥ずかしく感じていたようにも思います。人は真似されたり伝え返されたりすると、恥ずかしくなってしまうことがあると思います。

即興演劇（インプロ）の原則の1つに、「そうではなくて（"No, but…"）」と決して言わず、代わりに「そうですね、そして……（"Yes, and…"）」と言う、というものがある。ここではスーパーバイザーが「また」と言ったことが「そうですね、そして……」にあたる。セラピストは恥をかかせるつもりで、クライエントの動きに注意を向けたわけではない。しかしそうなってしまったとしたら、指摘して学びに活用するべきである。

マイケル　ええ、ええ。
ダイアナ　ここであなたが行ったことで、いいなと思ったのは、あなたがこうやった［空気をぎゅっとつかむ］のを見て彼女は笑い始めたけど、あなたはこのジェスチャーが何を意味しているかを取り上げて、真剣に扱おうとしていましたよね。［セラピストの次の介入を肯定する］
マイケル　そうですね。
ダイアナ　それに、はっきりと恥に介入したわけではないですが、少なくとも無意識に彼女の恥を感じ取って「いえいえいえ、あなたの話し方がおかしいと言っているわけではなくて──」というようなことを言っていましたよね。［セラピストの介入を声に出す］

　スーパーバイザーは、セラピストの次の動きを肯定し、意識して意図していなくても、クライエントが感じた羞恥や恥などの小さな亀裂を修復するために直観的に介入をしているように見えると伝える。

マイケル　そう、そうですね。
ダイアナ　そこには何か強いものがあります。一瞬ではありますが。
マイケル　私は、もしそこに怒りがあるとしたら、怒りをいくらかは感じていいという許しを彼女に与えようとしているような気がします。

　スーパーバイジーの気づきと言葉が変化していることに気づいてほしい。こ

こで彼は、フラストレーションではなく怒りについて話している。そして「もし怒りがあるのであれば」と言っており、クライエントが怒りではなく、ほかのことを感じているのかもしれないと思い始めている。

セラピー場面３

クライエント　　［笑顔］今日、私はこう言いたいです。［揺らすジェスチャーを使いながら］「納得のいく説明をして！　こんなの納得いかない！」
セラピスト　　うんうん。これじゃ意味がわからない。
クライエント　　ええ。
セラピスト　　彼を揺さぶって「こんなの納得いかない！　納得のいく説明をして！」って言っている感じを想像できますか。
クライエント　　はい、はい。
セラピスト　　彼を揺さぶって、彼に向かって叫ぶとどんな感じがしますか。
クライエント　　［ため息、笑う］うん、いいですね。［ポジティブな身体－感情マーカー］でも、そうすると──でも「でも」が出てくるんです。［笑う］

　ここに見られる課題はよくあるものだ。セラピストには、クライエントがこう感じているだろう、感じているはずだ、という考えがある。たとえば、ここでは突然離婚を切り出した夫に怒りを感じて当然だと感じている。しかしクライエントは異なる次元にいる。彼女は理解したいと思っているのに、今起こっていることをまったく理解できない。この違いをどう扱うかがセラピーでもスーパービジョンでも重要な問いとなってくる。

場面３の後のスーパービジョン

マイケル　　私は彼女がもう少しだけコア感情にドロップダウンできると感じました。私には彼女がステイト２に本当に触れたように感じたのです。そ

れで彼女にどんな感じがしたかを尋ねると、彼女はあのため息をついた。［ため息］そして、「でも」と言ったんです。

ダイアナ　そうですね。そして彼女もそこに気づきました。自分でそれを指摘しましたよね。

マイケル　自分は、今、臨床的判断をするべき地点にいるのでしょう。この後どこに向かえばいいのか、って。

　素晴らしいチャンスが訪れた。セラピストは勇気をもって正直に、「この後どこに向かえばいいのか」と迷った瞬間について話している。彼はまだフラストレーションを扱うことが最優先だと考えているが、「この後どこに向かえばいいのか」というこの分岐点は、素晴らしい教育と学びの機会となりうる。

ダイアナ　少しだけその意志決定をした地点にとどまって話し合ってみましょう。興味深いことが起こっていますよね。あなたが目指しているのは、クライエントがコア感情としての怒りをもっと感じられるよう手助けすることで、［マイケル「そうですね」］そして手と身体、内臓感覚を使ってポートレイヤルをしています。［マイケル「そうですね」］でもなぜかフラストレーションにたどりつかない。あなたにはエイミーが本当に夫をつかんで揺さぶりたいと思っているように感じられない。［マイケル「ええ」］でも私が感じた感覚は、ここで起こっているのは気づきの体験だということです。今彼女は、すべてをもっと内臓感覚的に身体的に感じるようになって、頭で考えることが減った結果、彼女にとって大切なことを1つ理解しています。自分には理解することが必要なこと、世界は自分にとって納得のいくものでなければならないということがわかったのです。

　瞬時ごとのトラッキングとプロセシングにより、新しい理解が現れ始めている。セラピストに、何をすべきだったか、起こったことをどう理解すべきだったかと伝えると恥を喚起してしまうこともあるため、スーパーバイザーはそう

ではなく「私の見方はこんな感じです」と伝えている。スーパーバイザーはクライエントにとって何が重要かについて、自分の内側に生じつつある感覚を話していく。スーパーバイザーは、クライエントが苦しんでいるのは、自分に怒りを向けているからでも、怒りを感じる資格がないと感じているからでも、怒りを感じること自体を恐れているからでもないと感じている。むしろクライエントは起こっていることを理解したいと思っており、彼女が感じているフラストレーションは、自分に起こっていることをまったく理解できないことに対する二次的なものだと感じている。スーパーバイザーは、プロセスについてのこうした異なる理解を「私」を主語とした文章構成で伝えている。「私にはこう見えます」

ダイアナ　あなたには、ある意図があったけど、プロセスはそこに向かわなかった。でもそれがほかのことを生み出した。

マイケル　そうですね。

　人はうまくいったことと同じくらい、うまくいかなかったことからも学ぶことができる。1つの焦点（フラストレーションや、怒りを直接体験し、表したニーズを満たすための作業を行うこと）をクライエントが拒絶したプロセスを通じて、別の焦点 —— クライエントにとって非常に重要な —— が前面に出てきた（すなわち、起こっていることを理解したいというニーズ）。スーパーバイザーはスーパーバイジーに対して、クライエントが彼の意図を受け入れなかったとしても、彼を拒絶したわけではないこと、むしろ、より適切な焦点を理解しながら細かい調整を行うことで、クライエントの役に立てるようになったことを強調する。

ダイアナ　ここではどんな介入を選択するのがよいと思いますか、これまで私たちが経た短いながらも、その道程をふまえて。

マイケル　そうですね、フラストレーションはありますが、一旦選択肢から外そうと思います。扱える瞬間は過ぎてしまったと思うので。

ダイアナ なるほど。私も同意です。

　ほっと一息。セラピストは前回のセッションから持ち続けたフラストレーションというテーマを手放した。このプロセスを経て、彼は自分自身が選択したテーマを手放すと明確に述べ、スーパーバイザーはそれを支持する。

マイケル もしもう一度この場面に戻れるとしたら、あのため息を扱うと思います。なぜなら、何かが起こった後の安堵感があったからです。それを少し探索してみたい、というか探索できるか見てみたいと思います。

　素晴らしい。ふたりのスーパービジョンのプロセスから創造性や柔軟性、そしてセルフ・スーパビジョンが生まれている。スーパーバイジーには、今、新たな焦点が見えている。安堵感の身体-感情マーカーであるため息は、クライエントにとって何か治療的なことが起こったことを示している。

ダイアナ 小さな変化の瞬間ですね。
マイケル そうです。第2のステイト変容です。あの安堵の・中・に・は何があるのでしょう。
ダイアナ そうですね。
マイケル また、あの・で・もが何で、どこに行こうとしているのかまだわからないことにも気づきました。まだ3回目のセッションなので。

　スーパーバイジーは順調である。彼とスーパーバイザーは、一緒に安心できるスーパービジョン関係をつくってきた。スーパーバイジーは、完璧でなくてもここでは恥をかかされないことをわかっている。そのためスーパーバイジーの探索意欲が前面に出てきて、好奇心とクライエントのためになりたいという深い思いが原動力の中心に据えられている。

マイケル　　私は「彼女は今どこに向かっているだろう」という問いを持ち続けていたいです。彼女と一緒に進み、トラッキングし続けたいです。

ダイアナ　　あなたがこのセッションで行ったこと、とてもよかったと思います。ため息があって、はいと肯定があるにもかかわらず、ほかの何かがあるという感覚があります。でもを追求することで、彼女の中の分離した部分をつなぎ合わせることができるかもしれません。

マイケル　　なるほど。

ダイアナ　　クライエントはあなたと一緒に努力しています［スーパーバイザーは、クライエントがトランスフォーマンスに向けて努力していることを、よい言葉にして表す］その点がいいなと思います。

マイケル　　はい。そうですね、じゃあ何が起こるか見てみましょう。［笑う］
　　　　　　［素晴らしいオープンさと好奇心の姿勢］

ダイアナ　　見てみましょう。

セラピー場面4

セラピスト　　ほかに何がありますか。

クライエント　　そんなことをしても、私の望みは叶わないことはわかっています。納得いくことではありません。

セラピスト　　なるほど。彼に納得いかないのですね。

クライエント　　ええ。もし彼が納得しているつもりでも、私には納得できないでしょう。

セラピスト　　なるほど。［ふたりうなずく］

場面4の後のスーパービジョン

マイケル　　［動画を止める］彼女は「納得いくことではない」と言っていますが、私は「彼に納得いかない」と言っています。私はその2つが違うことをき

ちんと示したい。彼女と夫が2つの異なる見方をもっているということを。
ダイアナ　なるほど。私たちはここでも「納得すること」が彼女の求めるテーマだと捉えている。
マイケル　そうです、そうです。
ダイアナ　彼女は結婚を続けられないとしても、少なくともなんらかの筋が通って納得できる。[現れつつあるテーマを詳細化する] [セッション中のクライエントが取り乱し始める]
マイケル　そうです。そしてここで彼女がまた感情的に崩れ始めるのがわかります。納得がいかないと言って、涙が出てきて、感情調整ができなくなっていますよね。[ダイアナ「なるほど」] そして私は何をすればいいかわからなくなっている。[笑う]

　今、スーパーバイジーは十分に信頼感をもっており、セッション中に何をすべきかわからなくなったことを素直に話せるだけの安心を感じている。これは、スーパービジョンでとても大きな瞬間だ！　誰にでも途方に暮れたことがあると思うが、それを素直に言えるほど安全・安心感を感じることがどれほどあるだろうか。[**これはスーパービジョンの中の変容の瞬間である**] スーパーバイザーはその点をしっかり伝え返し、目にしている現状を明確にしようとする。

ダイアナ　なるほど。
マイケル　もしあなたに違うやり方があれば……そうですね、ここでほかに何かできることがあれば、それを伺えるといいなと思っています。彼女が「でも、納得いかないと思う」と言って、それから感情調整不全を起こし始めた瞬間に。

　スーパーバイジーは、自分が途方に暮れたことの自己開示に続けて、直接代替案を求める。ここでスーパーバイザーが提示する代替案は、彼の求めに応じたもので、批判とは受け取られないだろう。

ダイアナ　ただただ、素晴らしいと言いたいです。あなたの正直さと、そして「何をしていいかわからない」とはっきり言えることについて。[**スーパーバイザーは潜在的なものを顕在化する。新しくて素晴らしい成長をはっきりとそのまま言葉にして称賛の気持ちを伝える。そして私は気づきましたという印（マーク）をしっかりつける**]

マイケル　ええ。

ダイアナ　私たち誰でもそういう気持ちになることがあります。[**ノーマライズし、普遍化し、私たちという言葉を使う**]そうですよね。こんなにたくさんのことが起こっているから。クライエントが感情調整不全になったり、いろいろなことが起こって。だからあなたの内側に起こった感覚を共有してくださって、本当に感謝したいです。[**マイケルは笑顔になりうなずく**][**関係におけるリスクテイキングの肯定**]勇気がいることだと思います。（なぜなら）こうして撮影されることでハードルも高まっているし、なおさら勇気がいると思います。

　認証し、感謝する。ノーマライズし、肯定する。そしてメタプロセシングする。また世界に向けてカメラの前でセッションを行っているという特別な状況にも触れる。おじけづくという言葉では言い表せないようなこの状況すべてが、スーパーバイジーの勇気をさらに特別なものにしている。

マイケル　[**大きな笑顔を見せ笑う**]そう言ってくださってありがとうございます。[**ポジティブな身体-感情マーカー**]

ダイアナ　少しの間、その感覚にとどまれますか。私が「私たちはみんなそうしたことに苦労する」と言うのを聞くのはどんな感じですか。[**私たちは今、スーパービジョンの今ここの瞬間に起こった大きな肯定的変化の瞬間をメタプロセシングしている**]単なる知的な理解の問題ではありませんから、そう質問するのはとても勇気がいることだと思います。[**うなずく**]

マイケル　気づいて、見てもらえて、認められた感じがあります。それを共

有できるととても気持ちがいいです。できてよかったです。
ダイアナ　その「気持ちがいいです」に、もう少しだけとどまってみてください。難しいことだけど気持ちがいい……少し逆説的なその気持ちに。
マイケル　そうですね。この辺りがリラックスしています［胸の上に手を置く］そして、穏やかで広々とした感じがあります。［ふたりともうなずく］わくわくした感じ。［スーパーバイジーに起こったポジティブな身体‐感情マーカー］
ダイアナ　あなたがそう言ったとき、私自身も［深い呼吸をする］深く呼吸してドロップダウンしたのを感じました。［スーパーバイザーの中に起こった身体‐感情マーカー］
ダイアナ　さあ、エイミーに戻りましょうか。

　これはポジティブ感情の拡張‐形成理論が、AEDPのスーパービジョンの瞬時ごとのプロセスに起こった瞬間である（Fredrickson, 2001, 2009）。メタプロセシングでよく起こるように、変容体験をしている人（ここではスーパーバイジー）の内に起こったポジティブ感情が、二者関係の相手（ここではスーパーバイザー）に共鳴して、感情伝染が起こり、相手にもポジティブな感情が起こる。そして共鳴による増幅で、ポジティブ感情とエネルギーの肯定的な上昇スパイラルが起こり、そこで起こっているプロセスがさらに促進される。そしてその場面にふさわしい形でさらなる探索につながっていく。ふたりのつながりや正直さ、学びのベースラインが、以前より高い水準で確立され、互いへのポジティブ感情やさらなるエネルギー、そして新しい理解が導かれる。二者システムがアップグレードされたことで、スーパービジョンでも、さらに多くのことが達成できる。

マイケル　はい。彼女が感情調整をできなくなったのを見て、何をすればいいかわからなくなりました。だからとりあえず自分が目にしているものを伝え返して、彼女がどんなふうに受け取るか様子を見ています。

ダイアナ　なるほど。それは、常にいい方法ですね。[再度、方向を定めるために、彼が注意深くトラッキングしたことを認証する]クライエントに起こっていることを伝えながら、何が起こっているのか私たち自身も知ろうとするのですね。[支持し、「私たち」という言葉で、困難な体験を一般化する]

セラピー場面5

セラピスト　しっくりきますか。

クライエント　[うなずく]少しだけ。[笑顔]彼から得たいものは得られないってわかっているから。そしてそれが、私は得られるべきなのにって考えて、いらだっている自分に返ってくるんです。[少し涙が浮かぶ]

セラピスト　自分にイライラしてしまう。[クライエントは笑い、うなずく]あなたは、彼に納得させてほしいと思っている。

クライエント　そうです、そうです。なんで私は[涙が浮かぶ]、なんで私が理解しないとならないかって？　そんなの、もちろん、なんで私の結婚生活が破綻しているのかを理解したいからよ。

セラピスト　そうですよね。うんうん。

クライエント　でも、なぜ理解しないと気が済まないのかしら。

場面5の後のスーパービジョン

マイケル　ここからクライエントが自問自答し始める場面が始まります。そして、気持ちが動揺し始める。ここでだけでなく日常生活でも、感情的に圧倒され始めると、いろいろな気持ちが出てくるけど、そういう気持ちを感じること自体を悪いことだと思ってしまう。理解したいけど、理解したいことを悪いと感じる。[ダイアナ「なるほど」とうなずく]私はその部分を取り上げて、彼女を、なんというか、ただ擁護したいと思ったんです。「もちろん知りたいでしょうし、納得したいと思うことは当然です」と。

第3章　AEDPスーパービジョンの実際──AEDPスーパービジョン・セッションのマイクロ分析

彼女が平静を保って、混乱してしまわないように手助けしてあげたいと思ったからです。

ダイアナ　とてもよくやっていると思いますよ。関係的な介入を使いながら。ここであなたが最初にしてくれた質問である「彼女をスローダウンさせるためにはどうすればいいか」という問いに戻ってきます。私であれば、あなたと同じことを試しながら、彼女が、質問したことを受け入れつつ、そこに十分とどまれるか様子を見たいと思うでしょう。なぜなら、クライエントは、取り組みはしているけど、大きな不安を抱えながらそれを行っているので。

マイケル　そうですね、ええ。

ダイアナ　私だったら、こんなふうに言うかもしれません「そうですか、私はあなたが言っていること、本当によくわかります。でも、ここで1回深呼吸して少しスピードを落とせますか」。［話す速度を落として話す］どうでしょう。こんな感じで、あなたの声が彼女に伝えたいことがしっかりと乗るように。［「私」主語で代替となる介入を示し、**体験的なモデリングを行う**。つまり、スーパーバイザーが実際に彼にやってもらいたいことを行い、**話し方をスローダウンしてみる**］［マイケルはうなずく「ええ、ええ」］私であれば、そうしてみたと思います。

マイケル　ええ、とても参考になります。［うなずく］

ダイアナ　あなたは関係的なルートと意味のルート、理解のルートをとっています。なぜなら、彼女はそのことについて何か話してもいますから。

ここでも、1、2、「イエス、アンド（はい、そして……）」介入を行う。まずは心から肯定する。彼は実際、素晴らしい作業をしているので。それから代替となる新しい道筋が「私」主語で表現される。スーパーバイジーが見逃した介入としてではなく、異なる可能性の1つとして。「ここでスローダウンすべきでした」や「ここで彼女をスローダウンさせたほうがよかった」ではなく、スーパーバイザーが言ったのは「私であれば、ここで彼女をスローダウンする手助

123

けをしたかったかもしれません」であり、その後にもう1つ肯定をする。代替となる道筋を肯定のパンではさんでサンドイッチを作るように。

マイケル　なるほど、なるほど。
ダイアナ　ええ。素晴らしい。
マイケル　素晴らしい。
ダイアナ　いいですね。

「素晴らしい」と言い合うこのやりとりから、スーパーバイザーとスーパーバイジーの認識が一致していることが伝わってくる。波長が合い、スーパービジョンのプロセスができ始めている。ふたりとも一緒にいることを感じ、よい気持ちでいられている。スーパーバイジーはスーパーバイザーの提案を受け入れ、内在化させ、自分自身の言葉で実践する。スーパーバイザーのほうも、スーパーバイジーのプロセスに関わることで、この瞬間スーパーバイザーとしての自信を深めている。スーパーバイザーはスーパービジョン・セッションが始まったときには不安やためらいを感じていたが、それも今はなくなった。クライエントの苦悩や、セラピストの困難感と不安を思うと少し矛盾しているように聞こえるかもしれないが、スーパーバイザーもスーパーバイジーもこのプロセスを楽しみ始めている。これこそがメタプロセシングの典型的な側面の1つである。共有され反応してもらえたら、困難なことに取り組んでいても、よい気持ちになれるのだ。これこそ真の自己−真の他者の関係の実現である。

これまでの4つの成果を振り返ってみよう。（a）スーパーバイジーとスーパーバイザーは一緒に安全感を作り出し、セラピストであるスーパーバイジーの孤独感を打ち消してきた。（b）安全感が作られ、互いへの信頼が強まったことで、さらなるリスクテイキングや学びへのオープンさが生まれる。毎回、共鳴とポジティブなエネルギーが高まり、参加者双方の（そしてスーパービジョンの二者関係）システムがアップグレードし続けるため、作業能力が高まる。（c）スーパーバイジーは新しいことや、ほかの考え方や介入の仕方を聞き入れ、自

分で思いつけなかったことに恥を感じたり、恥をかかされたと感じたりしないで探索し、受容さえできるようになる。(d) このプロセスは正確さと具体性をもつ。スーパーバイザーとスーパーバイジーの両方が、クライエントのことや彼女のニーズを知るようになり、うまくいったこと、いかなかったことから学び、それを活用していく。

マイケル　次の部分は、少し長い部分なのですが、5分くらいです。止めたいときに止めてください。

ダイアナ　わかりました。止めるかもしれません。ありがとうございます。

マイケル　私の質問は擁護についてです。私は［彼女に答えながら］「やりすぎかな」とか「行きすぎかな」と考えていました。私は「誰でもそうですよ。もちろんあなただって、誰だって──」というようなことを言いました。［スーパーバイジーは、冒頭で述べた質問を再度提示する。ただし、その質問はこれから見る次の場面に直接当てはまるものである］

マイケル　私はわりと強めにそう言いました。そしてクライエントに「そう聞いてどうですか」と尋ねます。彼女には確認しているのですが、ただ、あなたはどう感じたか知りたいです。やりすぎだったでしょうか。あるいは（ほかに）効果的なやり方があったでしょうか。［スーパーバイジーは自身の介入について述べ、自分の行ったことや、やり方について、スーパーバイザーからのコメントや、どんな「感じ」を受けたかをはっきり尋ねている］

ダイアナ　なるほど。一緒にトラッキングしていきましょう。私も止めますが、あなたも止めたいときに止めてくださいね。以前は見えていなかったことに気づいたときにも止めてください。［ここもまたAEDPのスーパービジョンの協働的な性質を強調する、スーパーバイザーにとってまたとないよい機会である］［マイケル：「わかりました」］私たちは、今いただいたような質問に「やりすぎです」「こういうときには、決してそうしない」といった漠然とした答えはできないですから。そうですよね。［マイケル：「ええ、ええ」］あなたの言葉がどう受け取られたか、トラッキングしてみましょう。［「こ

れは正しい介入だっただろうか」という質問への答えは、クライエントの反応の中にしかない］

セラピー場面6

クライエント　［泣き、話すのを一旦止める］
セラピスト　もちろん、あなたは理解したいと思っている。［クライエントはうなずく］納得できますか。
クライエント　［うなずく］
セラピスト　つまり、誰もが自分の結婚について理解したい ―― 何が起こったのか、そして起こった理由を知りたいと望みます。
クライエント　ええ。［うなずく］
セラピスト　だから、あなたがそれを知りたいと望むのは当然です。［認証］
クライエント　そう言われると、なんだか落ち着きます。［セラピーの変化の瞬間］
［ダイアナ、動画を流したまま話す「心から言っていますね。とてもいいですね。ここで少し止めましょう」］

場面6の後のスーパービジョン

ダイアナ　こう見ると、本当に ―― はっきりと受け入れられていますね。
ダイアナ　これは一緒に見てきた中で、初めての瞬間ですね。［深く息を吸い込み、安堵したように大きく息を吐く］
マイケル　ええ。
ダイアナ　つまり、私たち自身も落ち着きを取り戻しましたが、彼女も落ち着きを取り戻しています。とても情熱がこもっていたし、あなた個人が出ていたからだと私は思います。［ここで言いたかったのは、マイケルが言うことに情熱と真正性、深い気持ちがこもっていたということである］

第 3 章　AEDP スーパービジョンの実際——AEDP スーパービジョン・セッションのマイクロ分析

マイケル　　うーん。
ダイアナ　　「誰もが」とあなたは言いましたが、言い換えると、私たち皆が知りたいと思うということですよね。
マイケル　　そうですね。
ダイアナ　　すると彼女は「そう言われると、なんだか落ち着きます」と言います。
マイケル　　ええ。そして改めて見てみると、これは恥にも効果的だと思いました。このことは、あなただけが知りたがっているのではなく「誰もが、もちろん」知りたいことなのだと。
ダイアナ　　その通りです。あなたがそう望むことはまったくおかしいことではない。普遍的な人間の体験なのだと。私たちは皆、同じ体験をしている。あなたはそのことを、情熱をこめて伝えていたのだと思います。
マイケル　　ああ、そうですね。
ダイアナ　　ある意味、ここでようやく彼女は地に足を着けてあなたと接触した。
マイケル　　ええ、ええ。
ダイアナ　　この瞬間初めて接触ができ、あなたはいくらか──ほんのしばらくの間、彼女を落ち着かせることができた。
マイケル　　［うなずく］
ダイアナ　　ええ。だから、とてもいいですね。とてもいいです。5分と言っていたので、ほかにも見たい部分があるのはわかっていますが、でも、ここはとても重要な瞬間だと思います。［情熱を込めた肯定とスーパーバイジーへの称賛］
マイケル　　ええ、そうですね。そう言われるといい気分です。［笑顔］［スーパーバイジーに起こったポジティブな身体–感情マーカー］

　スーパーバイザーはポジティブな瞬間を指摘するが、スーパーバイジーにとって、もってきた5分間を見せることは大切なので、スーパーバイザーは、

127

そのよい気持ちを一旦置いておき、スーパービジョンのプロセスの中で、ふたりの間に再びポジティブ感情が起こり、それをプロセスしたりメタプロセシングしたりする機会が訪れることを信じる。

セラピー場面7

クライエント　　だって私にはその［なぜ夫が出て行きたいと思ったかを知る］権利があるから……たとえば……［セラピーの中の変化の瞬間］

マイケル　　ええ、そうです。

［ダイアナは動画を流したまま話す：「すごい！」］

クライエント　　それが約束だった。［笑う］

セラピスト　　あなたには本当にその権利がある。そうですよね。

クライエント　　ええ。

セラピスト　　あなたには何が起こったのか知る権利がある。そしてなぜ起こったのか、何が起こっているのかについても。

［ダイアナは動画を流したまま話す。「そうですね」］

セラピスト　　でもそうなっていないので、もどかしいですよね。

クライエント　　そして、あなたがそう言うと、私のほうが彼の論理や考えていることを十分受け入たり、耳を傾けられていない気もします ── つまり、彼の考える論理とは何か、彼の信じる起こったこととは何か、ということに。

［ダイアナ、動画を流したまま、「ここで少し止められますか」と言う］

マイケル　　ええ。

場面7の後のスーパービジョン

ダイアナ　　AEDPではよく見られるのですが、人が落ち着いて体験が深まっていくと、次のラウンドが始まります……［ステイトのシフトの瞬時ごとのト

ラッキングと、それがもたらす治療的な影響］

マイケル　［うなずく］ええ、そうですね。

ダイアナ　そして印象的だったのは、落ち着いた直後に彼女が「私にはその権利がある」というようなことを言ったことです。［見逃してはいけない重要な瞬間に焦点を当てる］

マイケル　そうですね。

ダイアナ　これは潜在的に恥への対抗となっているからです。──つまり、彼女はそれまで感じていることを何もかも遠回しにしていたのに、実際に自発的に「私にはその権利がある」と言ったのは、まさに恥への対抗なのです。それは、とても大きな宣言だったと思います。

マイケル　［頭を傾ける］［オープンさと受容、驚きのマーカー］なるほど、そうですね。

よい方向への変化の瞬間に気づいて捉え、それを見逃さないように注目することが非常に重要である。そうした瞬間は、AEDPの治療的介入のメカニズムにおける極めて重要な瞬間である。スーパービジョンにおける二者間の安全感を前提に、瞬時ごとに現象のトラッキングをしてきたことがここに実を結んだ。スーパービジョンの二者関係に新たな発見の瞬間が起こり、スーパーバイジーは、クライエントの力動を真に深く理解する瞬間を体験する。頭を傾ける動作は、彼が新しい学びを体験していることを示している。

ダイアナ　ええ。

マイケル　ええ。［笑顔］［スーパーバイジーのポジティブな身体-感情マーカー］

ダイアナ　素敵な笑顔がずっと出ていますね。［ふたりとも笑う］なんでしょうか。教えてください。

先ほどスーパービジョン中にポジティブ感情が出たときに、今ここの瞬間でつかまなかったので、ここでスーパーバイザーとスーパーバイジーのふたりは、

スーパーバイザーに気づいてもらえたことで生じたポジティブ感情や、セラピー中の肯定的な変化の瞬間を見て起こったポジティブ感情、そしてクライエントの恥の打ち消しについて洞察が起こり、クライエント理解が深まったことによるポジティブ感情を扱っていく。

マイケル　とても大きな気づきでした。それまで自分ではぴんと来ていなかったのですが。直観的には、また、スーパービジョンの準備をするために動画を見直していたときには、「彼女は恥を感じているのだろう」と感じ、(そう考えると、私たちは)次にそれに取り組まないといけないと思っていました。[ダイアナ「そうですか」]でもあなたが言っていることは、彼女が恥を感じているという気持ちの認証で、「私にはその権利がある」と言うことが恥に対抗するものである、と。なるほど、それで彼女が以前、いろいろなことが渦巻く中で感じていたことがわかりました。[クライエント理解を示す一貫性のある語り]

ダイアナ　その通りです。ええ。そして大きな笑顔が出ましたね。[笑顔][スーパーバイザーのポジティブな身体-感情マーカー]

マイケル　とても助かりました。

ダイアナ　そうですか。

マイケル　とても認めてもらえて肯定された感じがします。そればかりでなく、このことは彼女との関係や作業にも使えると思います。

ダイアナ　素晴らしい。持って帰ってください。[マイケル「ええ、ええ、ええ」]

　AEDPスーパービジョンの二重の目的が達成された。スーパーバイジーは、自分が認証されたと感じただけでなく、クライエントについて今まで知らなかった今後のセラピーの進行に役立つことを深く知ることができたからである。さらに嬉しいことに、ダイアナへのメールの中で、マイケルは本書のためにこのスーパービジョンの記録を見直しながら、この瞬間に自分の「知性的な孤

独」が解き放たれつつあるという体験をしたのだと気づいた、と語っている。この気づきはAEDPのスーパービジョンの理論を拡張し、感情的な孤独に加え、知性的な孤独というものがあることを教えてくれる。そしてその解毒剤となるのは、ここで私たちが出会う、知性的にも感情的にも支えられたと感じるときの興奮である。

ダイアナ　時として恥とはそういうもので、ほかの感情もだけど、特に恥はしっかり隠されているために、終わったときになんとなくわかるものなのでしょう。[**恥についての教育的瞬間**]
マイケル　なるほど、なるほど。
ダイアナ　いいですね。私たちは次の部分に入っていきますが、そこで彼女は自分を責めていますね。本当はそれ以外のことをすべきですよね。
マイケル　そうですね。

セラピー場面8

クライエント　……起こったことについて、私自身の記憶や考えで反応しているのかもしれません。
セラピスト　なるほど。
[ダイアナ、動画を流したまま話す。「ふむ」]
セラピスト　当然です。
クライエント　[うなずく]ええ。
セラピスト　そうでしょう？
クライエント　そうですね。そして「わかった、もちろんあなたを信じるわ」と言うほうの人になるべきだと感じることに苛立ってしまう。
セラピスト　ええ、でもあなたはそうしなくていい。
クライエント　でも私はそうしなくていい。[笑顔、うなずく]
セラピスト　そして彼を信じなくてもよい。

クライエント　ええ。[うなずく、泣いている][セラピーの中での変化の瞬間]
セラピスト　ええ、それでいい。そうですよね。[クライエントうなずく]それでいい。そう聞いてどうですか。
[ダイアナ、動画を流したまま話す。「今のが、彼女の感情を深めましたね」]
クライエント　その言葉を信じていいかわからない。[笑う]
セラピスト　[うなずく]
クライエント　でも、そうでなければならないですね。うん。
セラピスト　あなたにも、起こったことに対するあなた自身の感じ方がありますよね。[クライエントうなずく]あなたには、あなたのものがある。そうです。彼は、あなたの実際の体験と、まったく矛盾したことを言っている。[クライエントうなずく]彼のことを信じようとする必要はありません。あなたはそんなことしなくていい。それでいいんです。すごく苛立たしいですよね。
クライエント　[うなずく]ええ。
セラピスト　なぜなら、彼の気持ちをまったく理解できないから。でも……、それがあなたの置かれた状況なのですよね。
クライエント　はい。[クライエントとセラピストうなずく]
セラピスト　それを聞いてどうですか。
クライエント　いい気分です。でも、そうすると私が知りたいのは……
[ダイアナ、動画を流したままクライエントの言葉を繰り返す。「いい気分です、でも……」]
[マイケル、動画を流したまま話す。「そうなんです」]
クライエント　そんなふうに感じたときにイライラしないでいるにはどうすればいいのでしょうか、もしくは、イライラしないようにするには……そうですね、それが問題だと思います、私が……まだ、起こったことについての、彼側の記憶や話に同意できないとき、そしてわからないですけど……今は、どちらにしろ、もしかしたら、後になったら、今ほど気にしなくなるかもしれないけど、でも、彼には私とは違う言い分があるという事

実をどう受け入れたらよいのかわかりません。私は気にしないでいるべきか、もしくは……
[ダイアナ、動画を流したまま言う。「ここで少し止められますか」]
[マイケル「もちろん」と答える]

この場面では、少し前にあったものと同じ並行プロセス(パラレル)がスーパービジョン中に起こっている。恥や無価値感が打ち消されるとともに、クライエントの信頼が深まっていく。クライエントは自分がよいものに値すると感じている。セラピストが言う「あなたは理解したいと思うのも当然です」という言葉に認証される。そしてリスクをとってセラピストに向けて手を伸ばすかのように助けを求める。次に示すスーパービジョン場面でスーパーバイザーはAEDPに基づいたやり方で、自分がクライエントをどう体験したかを使って、潜在的なものを顕在化的していく。

場面8の後のスーパービジョン

ダイアナ　私は今の場面で、とても心動かされました。なぜなら、彼女が実際あなたに向けて手を伸ばしたからです。

マイケル　ええ。[うなずく]

ダイアナ　彼女は「私は本当に助けが必要なんです」と言っているのです。[スーパーバイザーは、クライエントの声を真似ることで、クライエントの体験をできるだけ再現して、深い部分で何が起こっているのか、スーパーバイジーが理解できるようにする]

マイケル　ふむ。ええ、ええ。

ダイアナ　そして、ね、ここでも……彼女は正直ですよね。[トランスフォーマンスの現れを指摘する] だから私は彼女は素晴らしいとも思いました……。これまで私たちは、彼女の感情調整不全について話すことが多かったですが、彼女は非常に大きな強さももっています。[スーパーバイザーはクライエ

ントの行動を述べていく。すなわち彼女自身が感じたクライエントについて語っていく］［マイケル「ふむ」］ほら、それがトランスフォーマンスというものですよね。［マイケル「確かに、確かに」］つまり彼女があなたと一緒にしっかり作業できているということです。［マイケル「うむ」］ね、そして彼女はとても正直でもあります。［トランスフォーマンスの探索について教える］［マイケル「ええ、そうですね」］だからあなたが……今となっては、どこからこの流れに入ってきたか覚えていませんが、その後あなたが肯定して、そうしたら彼女が「あなたのこと信じていいかわからない」と言います。［マイケル「そうです、そうです」］彼女は正直ですよね。でもそこで彼女は「もっと教えてください」と言います。そして、あなたはしっかりと彼女に応えて教える、そうでしたよね。［マイケル「そうです。ええ」］そして今、ここで彼女が言っているのは、要するに「私を助けて」ということです。［スーパーバイザーはクライエントの行動を述べ、自分が体験したクライエントをナレーションすることを通じてスーパーバイジーに教え、とてもAEDPらしい視点で自分が何を見ているのかを言葉にしてはっきりと伝える］［マイケル「ええ」］とても直接的です。［マイケル「ええ、ええ」］あなたにつながっている。

マイケル　彼女がそう尋ねたときの気持ちを感じることができます。そして、なんというか……もじもじするような感じがします。［スーパービジョンでの変化の瞬間］

　スーパーバイザーがクライエントの体験を詳細に描写したことで、スーパーバイジーは意識上では覚えていなかったセラピー・セッション中の体験に、内臓感覚をもって接近することができた。これは、スーパービジョンにおける体験的な深まりの瞬間を表しており、関係における安全性が一緒に創り出されたことも意味している。今改めてスーパーバイジーは、彼自身の直接的でかなり不快な体験、つまり「もじもじする感じ」を中心に整理された体験を、進んで表出させようとしている。

ダイアナ　うんうん。

マイケル　そして、私は「ああ、彼女は私にたくさんの答えを求めている」そして「私はそれに答えられるだろうか、答えられないだろうか」と感じてもいます。

ダイアナ　あなたの内側の気持ち。

マイケル　そうです、そうです。単に「自分に扱えるだろうか。どう答えればいいだろうか。答えることができるのか」という意味で。

　願いごとには気をつけよう。AEDPは、アタッチメントに基礎をおいた関係的アプローチなので、クライエントの中の関係性体験が深まると、同時にセラピスト側がもつ深いアタッチメント欲求や不安感に触れることがある。ここではクライエントがセラピストへの信頼を深めたことで、クライエントは大胆にリスクテイキングをするようになった。クライエントがセラピストを頼れるようになり、セラピストとの関係が踏み込んだものになると、セラピスト側には不安が生まれる。そうするとセラピストはその挑戦を受けるか迷うことになる。また、スーパーバイザーがクライエントの代役をし、より右脳的な介入をしたことで、スーパーバイジーの内臓感覚を伴う体験、つまり「もじもじする感じ」が深まったことに注意してほしい。今度は、その感覚が、彼がセッションでどう感じていたかを内臓感覚的に思い出すことにつながるのである。

マイケル　私は、そうですね、「彼女の問題を解決」したいとはまったく思いません。［ダイアナ「ええ」］私は、彼女がそれを見つけるのを助けようとしているのです。……自分で考え抜いて、自分が扱っているものを感じ抜いてほしい。［ダイアナ「なるほど」］でも、ここには確かにとても直接的な、関係性に関わる部分がありますね。それまではまったく意識したり気づいたりしていませんでしたが、でも、ええ……［**自己開示、青信号感情、これは関係性における「進め」信号と同じことである**］

ダイアナ　もう1ラウンドだけしてみましょう……いいでしょうか、なぜか

と言うと、そのことは、あなたにプレッシャーを与えていますよね。「助けて！　私はどうすればいいの」って。

マイケル　そうです、そうです、そうです。はい。前は、ただ不安でしたが、今は「すごくいいことじゃないか！」という気持ちになっています。［笑顔］「とってもいいサインだ！」［これはスーパービジョンにおける変化の瞬間である。今ここでの変容であり、「わかった」というだけではない。「わかった、そして前は不安だったけど、今はいい気分だ」「今はいい気持ちがする、不安はなくなった」］［ダイアナ「そうですか」］なぜなら、私は彼女にしっかりとつながれている感じがしますが、そのことで、このつながりの感覚がどのようなものであり、なぜ起こったのかを理解させてくれたから。［ダイアナうなずく］［右脳の体験と左脳の理解が今つながり統合されつつある。それはとても気持ちがいいものでもある］

ダイアナ　なるほど。彼女が信頼してくれていることがわかったんですね。［マイケル「ええ」］そしてある意味、彼女が「あなたのことを信じるかわからない」と言えたことにも、彼女のあなたへの信頼が表れていますよね。どうでしょう。［マイケル「そうですね」］ただ「そうですね、いいですね」と言われるより。

マイケル　ええ、ええ、そうですね。うん、うん。いいサインです。

ダイアナ　もう一度、今あなたに何が起こっているかトラッキングしてみましょう。ビデオに戻る前に。

マイケル　彼女が「わからない」と言えるのは、よい気持ちがします。そして彼女をもっと信頼できます。実際に、彼女がよい気持ちだと言ったときは、本当にそう思っているということです。なぜって彼女は「わからない」とも言えるから。［スーパーバイジーは、クライエントがトランスフォーマンスに向けて励んでおり、そのことが彼女のあり方に現れていることの大切さをより深く認識している。彼の中でクライエントの理解が高まるにつれ、クライエントへの信頼も育っていく］

ダイアナ　本当に、本当に。彼女は、自分の限界や認識力を見せてくれてい

ますよね。ただ、あなたを喜ばせようとしているわけではない。彼女は本当に本気です。[マイケル「ええ、ええ」]彼女のこと、すごいと思います。[クライエントの体験や力動、個人的な性質、トランスフォーマンスの現れの詳細を描写し、継続的に言葉にしていく]

マイケル　　私もそう思います。

セラピー場面9

クライエント　　……彼の視点からの話は、私のとは違う、あるいは、私は彼の視点の話を変える努力をしなければならないけど[笑顔]、そんなことはできない。私視点の話を彼に変えさせないのと同じように。

セラピスト　　そうですね。

クライエント　　そうはいっても、私にも、なんというか、できません……私はどうやって自分の欲しい答えを手に入れればいいかわからない。……私は、欲しい答えを手に入れることはないでしょう。[セラピーにおける変化の瞬間]

セラピスト　　ええ。[うなずく]

クライエント　　[首を振り、笑顔]ああ！[笑う]

セラピスト　　うん、その「ああ！」それはなんでしょうか。

クライエント　　[笑顔、指を繰り返しくるくる回す]これって、いつも同じところに戻ってきちゃう。[笑う]

セラピスト　　なるほど。うん、あなたたちふたりがこの点で歩み寄ることはないから、感情的になるのでしょう。[首を振る]

クライエント　　[うなずく]はい。

セラピスト　　たぶん。そして、たくさんの気持ちが起こってくる。そうすると最終的に、その状況を受け入れなくてはならない。そうですよね。

クライエント　　[うなずく]はい。

セラピスト　　あなたを変えてくれないし、彼のことも変えてくれない。そう

した気持ちをプロセスしたとしても、その……違いのせいで。本当にあまりにも違いすぎる……

クライエント　［うなずく］はい。

セラピスト　そのことがあなたの人生を本当に傷つけてきた。

クライエント　ええ。

セラピスト　そうですよね。

クライエント　はい。［うなずく］

セラピスト　そして、その気持ちを扱うことで、最終的にあなたは、ある程度は受容できるようになるかもしれないけど……それがよいと思えるわけでもないし。

クライエント　はい。

セラピスト　あるいは同意もしない。

クライエント　はい、でも今……気づきました。

セラピスト　はい。今この瞬間、何が響いたのでしょうか……

クライエント　［笑顔］でも、出口はある。［笑う］［セラピーでの変化の瞬間］

セラピスト　ええ、ええ。もちろんです。［笑顔］

クライエント　［笑う、そして泣き始める］

クライエント　とてもいい気持ちですが、でも同時に本当に、本当に悲しくなります。［セラピーでの変化の瞬間］

マイケル　ええ。

場面9の後のスーパービジョン

ダイアナ　素晴らしい。ある意味、たぶんここで一旦進みを止まれたらさらによかったと思います。

マイケル　はい。

ダイアナ　彼女が本当に恐れていたことがなんだったのか、彼女が「出口がある」と言ったときに、一旦その気持ちが軽くなって、わかりました。

(それまでは）明らかに彼女は「私は永遠にこんなふうに感じるのだろう（出口はないだろう）」と思っていた。そうですよね。［マイケル「ええ、ええ」］そういう気持ちを、人はよく感じるもので、それは病理感情（pathogenic affects）の1つです。地獄にいるみたいで、その地獄からは絶対に脱出できない、という気持ち。［マイケル「うん、うん。そうですね」］さらに、彼女は「そうだ、出口はある」と言いますが、これは、後ろ盾となってくれているのだと思います。ここで、それは真の認証のようなものなのです。言ってみれば、彼女は悲しみの中にドロップダウンすることができた。

マイケル　悲しみの中に。そうですね。

ダイアナ　ステイト、そして三角形という観点では、どのようにトラッキングしますか。

　ある程度の完了と、体験に基づいた確かな理解に到達したことで、ここで私たちは左脳を使って統合を深める。深い理解が確立されたら、私たちは体験（スーパービジョン・セッションの体験と、クライエントと自身の行動のよりよい理解）と、内省（たとえば、理論）の間を行ったり来たりして翻訳することができる。そしてそれは新しい体験を通じてさらに深められる。

マイケル　私は三角形上部の、ステイト1に関する作業と、不安や防衛を扱う作業をたくさん行ってきました。その後、認証や心理教育も行いました。彼女が希望をもったのは、一種の変容感情だと思います。そこには「あれ、そうか、そこに出口はある」という一瞬の輝きがありました。そうですよね。

ダイアナ　一瞬の輝き以上のものでしたよ、ちなみに。

マイケル　ええ、ええ。それが彼女をステイト2、コア感情の悲しみにドロップダウンさせてくれて。どのくらいの長さだったかは、この後見られると思いますが……［画面に向けてジェスチャー］

ダイアナ　でも、ちょっといいですか。今、あなたが話してくれたので、私は思いついたのですが、彼女は（これまで）希望のなさを（はっきりと）表

現したことはなかったですよね、この苦行から決して出られないという希望のなさを……[マイケル「そうですね」] だから私は、これはその病理感情の、適応的な行動傾向だったのではないかと思います。助けがないわけではない。希望がないわけではない。きっとなんとかなる。[マイケル「なるほど」] あるいは、うまくいかなくても、「私はここから脱出する」。[マイケル「そうですね」]「私はここから脱出する」。そして、そのことが彼女をコア感情にドロップダウンさせた。

マイケル　うん、うん、うん。

ダイアナ　急がせてごめんなさい。でももうあまり時間が残っていません。私たち、……ほかにも何か……ありますか。[アタッチメント対象として、時間やその他の境界について確認するのは、スーパーバイザーの仕事であり、それが作業のためのよい容器（container）をつくるのに役立つ]

マイケル　最後のほうに、少しメタプロセシングの部分があります。飛ばしてそこにいきましょうか。

ダイアナ　よかった。いいですね。そうしたら、セッションの最後の数分をここで見てみましょう。

セラピー場面10

セラピスト　さあ、今どんな感じがありますか。どうですか。

クライエント　[笑顔] いいです。[笑う] よかったです。[変容感情 ── 宣言的] あなたがいつもよりたくさん話してくれたのもよかったです。私だけが1時間あなたに向けて吐き出すのではなく。[笑う]

セラピスト　[笑顔] ええ。以前は、感情がもう少し大きかった気がしますよね。どうでしょう。

クライエント　大きすぎました。ええ。[笑う]

セラピスト　そう感じますか。

クライエント　ええ。もっと扱いやすくなりました。[笑う][はっきりした変

容の表明]

セラピスト ええ。会話の一部のようになった。

クライエント はい。[うなずく] はい、そして……うん。[ため息をつき、止まる] これには出口がある。[笑う] [セラピーの変化の瞬間] 以前より、もっとよく見えるようになったんだと思います。[はっきりした変容の表明]

セラピスト そのことはどんな感じがしますか。

クライエント いい感じです、実際。いろいろな人と会話して思うのですが、私は人に「これからは大丈夫。ほかの人が見つかるよ」と言われる準備ができていなくて、私は「まだそんな気になれない！」という感じでした。そして、今もまだだと思うけど、前よりずっと近づいた気がします。[変容の表明]

セラピスト 今のままでそこから動く必要はないです。いつかはうまくいくって感覚はあっても、今はそうじゃない、そして、それでいい。うん、今はそのままでいい。

クライエント [うなずく] うん。そうですね。[セラピーでの変化の瞬間] [深く息をする] [ポジティブな身体‐感情変容マーカー]

セラピスト [笑顔] 大きなため息が。[身体マーカーの瞬時ごとのトラッキング]

クライエント [笑う] ええ。大丈夫です。[変容の表明]

セラピスト ええ、そうしたことすべてを私と分かち合ってくれて、傷つきを見せてくれて、そして気持ちを共有してくれて感謝しています。そう聞いてどう感じますか。

クライエント ありがとうございます。[笑顔] いいですね。[はっきりとした変容の表明]

場面10の後のスーパービジョン

ダイアナ 素晴らしいですね。ここで一緒にトラッキングするとしたら、ここで起きたことをどう説明しますか。いわば、現象から……[彼自身のセッ

141

ションでの体験がAEDP理論の用語でどう理解できるか、スーパーバイジーに振り返ってもらう。彼には、セッションで起こった変容について内臓感覚的体験があるので、その感覚を通じて理解は深まっていくと期待される〕

マイケル　私たちは、セッションのメタプロセシングをしています。〔ダイアナ「そうですね」〕そして彼女は、……そうですね、振り返ると、私は、彼女は一時的に安定した場所に到達して、そこで、そこには、うん、コアステイトの要素があると思います。〔ダイアナ「ええ」〕静けさと、そこにはオープンさと、そして今まではなかった彼女自身に対する優しさもあったと思います。

ダイアナ　そうですね。

マイケル　そして、それに対する私の認証があって、そして、私たちはまたステイト2に戻り始めてしまった。〔苦笑〕だから悲しみが一瞬浮かんできて、でも、ふむ……

ダイアナ　あの悲しみが。

マイケル　ええ。少しだけ、なんだったか忘れましたが……私は少し認証などをして、それが、彼女が自身の現在地を内省する手助けになって、そして最後に彼女に悲しみが少しだけ起こってきました。〔ダイアナ「ええ、そうですね」〕はい、そこにはステイト4があり、その後少しステイト2に浮かび上がってしまった。

ダイアナ　少しだけ。私は、ここでもう1つとても重要だったのは、このプロセスは調整作用をもっていたことで、彼女自身が話してくれたことです……あまりに大きくて圧倒されるようだった感情が今は……扱えるようになっている、という言葉を使って彼女は表していたと思います。〔マイケル「そうです」〕そして、私は彼女のことを、とてもとても注意深く見ていたのですが、それを話し始めたとき、彼女はまっすぐにあなたを見据え、あなたと本当に直接的な接触をもち始めた。そしてそのエントリー・ポイントについて、私はここに「太陽の輝き」と書いています。そう、彼女は本当に素敵な笑顔をもっていて、そしてまた、彼女は言いましたよね、「そ

第 3 章　AEDP スーパービジョンの実際――AEDP スーパービジョン・セッションのマイクロ分析

こには出口がある」と。それは彼女にとって、大きな大きなことです。［スーパーバイザーは、クライエントの変容感情、すなわち、変容が起こっていることのポジティブな身体 – 感情的な証拠の重要性を強調する］［マイケル「はい」］そしてまた、彼女とあなたのつながりは素晴らしい。［心からの深い肯定］［マイケル「はい」］あなたが「それはあなたにとって、どんな感じがしますか」と言って、彼女が「いい感じです」と言ったときも、とても真実味があった。なぜなら彼女は正直だったから。［マイケル「そうですね」］そして、あなたは少し疑念が消えたのか、ため息が出ましたね。

マイケル　［笑う］はい。［ポジティブな身体 – 感情変容マーカー］

ダイアナ　神経系システムが割り込んできて、こう言いましたね。［ため息］もし最初の頃の不安や恥の大きさと私たちの現在地をたどってみるとしたら、彼女は答えをもっているような気がします。ちょっと知りたいのですが、あなたは自分の質問に対して、どの辺りにいるのでしょうか。つまり、あなたの質問は明確だったけど、私たちは彼女にも 1 つの問いがあったことを元々知らなかった。でも私たちは彼女も 1 つの質問をもっていたことを発見した。［たくさんの体験と理解を得て、今スーパーバイザーとスーパーバイジーは、このスーパービジョンを形づくってきた最初の質問に立ち戻り、右脳的体験と左脳的理解の統合の最終ラウンドを行う］

　スーパーバイザーとスーパーバイジーは、セラピー・セッションについて、首尾一貫した語りを協働して編み出している。この共同作業には、支持的で肯定的なスーパービジョンの関係の文脈の中で、クライエントのことや、セラピストが自分自身について、そして自分が行った治療的介入についての理解を深めることを含む。これによりスーパービジョンの二者関係の文脈の中で直接感じ体験された視点から AEDP の理論と現象を深く理解できるようになる。

マイケル　［笑う］彼女が到達したところや、彼女との確認をふまえると、自分が彼女の代わりに彼女と一緒に行った擁護はいい感じでした。よかった

143

のだと感じます。うまくいきました。効果的だった。［笑う］［スーパービジョンにおける変化の瞬間、変容の証拠］

ダイアナ　それについてどう感じますか。［変容体験のメタプロセシング］

マイケル　いい気持ちがします。ええ、ええ。

ダイアナ　その感じについて、もう少し聞かせてもらえますか。

マイケル　ええ、なぜなら、それをやったとき私は「やりすぎかな」と［考えていた］。私は、彼女にとても強く積極的な関わり方で接していたのではないかと思っていました。

ダイアナ　うん、そうですね。

　スーパーバイジーが自分自身について正確にポジティブな評価をするのを見るのは、本当に素晴らしい。これにより彼のセラピストとしてのポジティブなアイデンティティが深く支持され、セラピストとして、そしてAEDPセラピストとしてのさらなる成長と発展に向けて、エネルギーや動機づけが与えられるからである。

マイケル　これについては彼女も言っていましたよね。彼女は、私がいつもより多く話したのがよかったと……それが彼女の言おうとしていたことだと思いますが、彼女に対して本当に積極的になって、それがうまくいったことは本当にいい気持ちだし、実際それがうまくいったのがわかりました。「私はそれができる」という気持ちだと評価しています。私はセッションの中で、クライエントとそんなふうにいられるし、そして、そうですね、クライエントたちに確認もできるし、そしてそれがうまくいったら、その人が受け取ってくれたら、前に進ませることもできる［一緒に笑う］……そうできたら、とても気持ちがいい。［スーパービジョンにおける変化の瞬間］セラピストとしての私に何かが加わり広がったと思いますし、あるいはセラピストとして成長したと思います。［自己体験とスーパーバイジーのセラピストとしてのアイデンティティに関するメタセラピューティック・プロセシングの

拡張と形成の側面]

　これは変容の非常に大きな瞬間であり、スーパービジョンのプロセスの積み重ねの集大成である。だから、この瞬間をメタプロセシングして、この機会を最大限に活用することはとても重要である。深め、定着させ、さらなるメタプロセシングで拡張していく。

ダイアナ　素晴らしい！　しばらくそこにとどまってみてください。セラピストとして拡張していく感覚に。[気づき、つかみ、そしてとどまる！]

マイケル　自分が大きくなった気がします。[スーパービジョンでの変化の瞬間][笑う][変容の表明][ダイアナ「そうですか」]自分が前よりもいい感じで、十分に呼吸しているのを感じます。はい。[変容感情]

ダイアナ　そして、ね、あなたがそう言っているとき、私もとても幸せに感じました。[スーパーバイザーの変容感情、スーパーバイジーがスーパーバイザーにもたらした影響についての自己開示]本当に素敵なことで……それを目撃し、いえ、私もその体験をともにすることができました……そうですよね、1つの質問からスタートして、それは自己懐疑的なもので、病的なものではなかったけど、私たちはみんな自分に「私は正しいことをしているかな。これってやりすぎかな。足りていないかな」と。[マイケル「はい」]そして、最後には認められる感覚だけでなく拡張した感覚に到達できた。[マイケル「はい」]とてもいい感じですよね！[スーパービジョンでの変化の瞬間]

マイケル　はい、とてもいい気持ちです。

ダイアナ　[ハイタッチをするように手を上げる]だから私は、やったね！　と言いたいです。

マイケル　やりました！　[ハイタッチをして、笑う]

　エネルギーが出ることは、変容的なスーパービジョンの重要な性質である(Watkins, 2012)。私たちはスーパービジョンの最後の瞬間に、ポジティブな変

容の上昇スパイラルが起こったのを見た。スーパービジョンは、参加者ふたりともが深く共鳴し変容した感覚を感じて終わった。スーパーバイジーがよい気持ちを感じ、拡張し、加えて成長したという自己感覚を得られ、クライエントの助けになれたことで、自分の能力へのプライドと満足を体験したように、スーパーバイザーも同じことを体験した。彼女はスーパーバイジーの助けになれたことで、満足とプライド、幸せを体験した。ミッションは達成され、このスーパービジョン・セッションは、感情面での肯定、経験、そしてミッション達成の共感と、達成感、そしてそれとともに湧き起こる高揚感の（ハイタッチの）瞬間で終わるにふさわしい。

結論

　私たちは第3章をハイタッチの興奮の中で終える。第4章では、この場面の背後で体験したいくつかの実践的な課題をはっきり示しながら進めていく。たとえば、セッションの最初に少し時間を割いて、スーパーバイジーの特定の質問を理解し、整理する手伝いをすることや、スーパービジョンでビデオ録画をどう使うか、私たちが評価的な介入ではなく、記述的介入をどのように使うか、そしてAEDP介入忠実性尺度（Faerstein & Levenson, 2016）が、本質からずれないように助けてくれるかなどを学んでいく。

第4章

実践的な課題

　スーパービジョン関係を始めるタイミングで、枠組みを設定し、スーパービジョンへの期待を明確にするのに要する時間は非常に有意義な時間である。スーパービジョンが最もよく機能するやり方を明確に伝えることは、スーパーバイザーとスーパーバイジー双方に役立つ。枠と期待が明確であればあるほどセッションは生産的になる。スーパービジョン・セッションでの最初のやりとりや、毎回のセッションの最初の数分は特に重要だ。スーパーバイザーはそこでセッションの土台作りをしなくてはならない。私たち AEDP スーパーバイザーは枠組みを設定するとき、いつもよりゆったりしたペースで進めていく。基本的なスキルであるスローダウン――「スローダウンしましょう、ここでしっかりと時間をとって、大丈夫でしょうか」――は、スーパービジョンが最もよく機能するやり方を明確にするための時間を作り出してくれる。

　AEDP のセラピー・セッションで使うのと同じ「私があなたの役に立てることは具体的にどんなことでしょうか」などの問いかけは、スーパービジョンの中でスーパーバイザーが尋ねる「どうすれば、あなたの力になれるでしょうか」という問いかけ、つまり「あなたのセッションビデオの中で、私に特に見せたいのはなんですか」「あなたは何に取り組んでいるのですか」「あなたのクライエントは、何を目標にしていますか」といった質問に反映されている。スーパービジョン・セッションでは、これらの横断的な質問を必ず取り上げる。

問題や質問は、スーパーバイジーが気づいている特定の箇所、自分が行き詰まることや次にどうすればよいかわからないことについてかもしれない。スーパービジョン・セッションの構造と骨組みは、この質問を手に、スーパーバイジーとクライエントがセッションに持ち込むものと、スーパーバイザーの反応の仕方の共同で構築される。

AEDPのスーパービジョン・プロセスにおけるビデオ録画の重要性

　AEDPのスーパービジョン・プロセスは、ほぼ例外なく臨床場面の録画ビデオをもとに行われる。スーパーバイザーが特に重視し、大切にしているのは、セラピストとクライエントの身体的・情緒的・認知的体験の、瞬時ごとの細かい分析である。セラピストに心理療法を改善する方法を教えるためには、このようにクライエントとセラピストの間の「今ここ」の相互作用に注目すること、セラピスト−クライエントの相互作用についてスーパーバイザーと共有しながら話し合うことが効果的だと証明されている。アカウンタビリティ（Watkins, 2012）や、即時的なフィードバック（Goodyear & Nelson, 1997）が研究文献で強調されていることから、実際のセラピー・セッションのビデオを用いてスーパービジョンを行うことが重要であることは、いくら強調してもしすぎることはないだろう。

　ビデオ録画は以下の3つの理由で、スーパービジョンに不可欠なプロセスだと言える（Sarnat, 2012; Watkins, 2012）。

- ■ 記憶やイメージよりも、正確で信頼できるセッションの記録が残る。
- ■ 録画を見るプロセスは体験的なので、スーパーバイジーは、スーパーバイザーの体験的反応や内蔵感覚的な反応を一緒に体験できる。
- ■ スーパーバイジーはセッション動画を見て、AEDP介入忠実性尺度（AEDP Fidelity Scale〔AEDP-FS〕, Faerstein & Levenson, 2016, 本書7章参照）で評定することで、非常に多くのことを学ぶことができる。自分のセッ

ション動画を見ると、セラピストはセルフモニタリングができる。セッション後にビデオを見返すことは、セラピストが自分の介入作業をチェックするための方法の1つとなる。

テクノロジー

　テクノロジーに関することは、AEDPのスーパーバイジーが最初に習得すべき作業の1つである。どのようなカメラやコンピューターが、自分のオフィスに最適か。スーパーバイザーのコンピューターやテレビに接続可能なポータブルドライブやメモリーカードに、スーパーバイジーのカメラからどのように動画ファイルを移せばいいか。多くのセラピスト（つまり、スーパーバイザーとスーパーバイジー）が、専門外の分野や技術的なことを難しく感じ、積極的な助けを必要とする。機材の準備が整ったら、スーパーバイジーは、クライエントにビデオ録画の許可をとるための個人承諾書を作って、許可を得る必要がある。クライエントに録画許可をとることを不安に感じるセラピストは多い。セラピスト自身のニーズをクライエントとの関係に持ち込むことになるからだ。誰に最初に許可をとるか、どのように依頼するか、そしてセラピスト自身の不安やニーズをどう扱うかは、初期のスーパービジョンの焦点となる。

ビデオ録画を見るスキル

　ビデオを見せる前に、スーパーバイザーは、スーパーバイジーに次のような質問をする。「どのようにすれば、あなたの役に立てますか」「どの部分に気づいてほしいですか」「何を見ていきますか」「どんなことに焦点を当てたいですか」「ここで行っている作業について、どのように感じていますか。誇らしく感じているとしたら、特にどのような部分が嬉しかったでしょうか。恥ずかしさや、心配な気持ちがあるとしたら、あなたが気になっている、やってしまったことや言ってしまったこと、やらなかったことと言わなかったこととは、具体的になんですか」「私に見てほしいビデオは何分くらいですか」
　次に私たちは、スーパーバイジー（またはワークショップの参加者）に対して、

自身がどんなふうにビデオを見ているかに意識を向けてもらう。「あなたはこの録画をどのように見ていますか」「録画を見ながらクライエントに気持ちを重ねて見ていますか」「セラピストに気持ちを重ねて見ていますか」「今この内容や感情に没入して入り込んでいますか。そうだとしたら、それはどのような体験ですか」「刺激を受けすぎて、ぼんやりしてしまいましたか」「あなたの批判的なパーツ（内的な部分）が出てきていますか」

記録 ── 「私たちの心に存在するということ」

　スーパーバイザーは、スーパーバイジーに対して真摯に向き合おうとするのと同じように、セラピー・セッションを記憶している存在になることが大切である。私たちは皆、知られたい、認められたい、記憶に残る存在になりたいという欲求をもっている。他者に影響を与え、そのことを実感したいのである（Fosha, 2009a）。この点でビデオは非常に有用だ。スーパーバイザーはスーパーバイジーのクライエントを見たり声を聴いたり感じたりできるため、さまざまな方法でクライエントを記憶できる。スーパーバイザーがクライエントのことを覚えていて、「ええ、以前にもジムのビデオを見たことがあります。覚えていますよ」と伝えると、スーパーバイジーのことを心に留めていることを伝えることができる（Fosha, 2000b）。これは、この記憶を明確にし、メタプロセスをするよい機会である。「私がジムを覚えていると知って、あなたはどう感じますか」というように。

　スーパービジョン・セッションの録画に加えて、スーパーバイザーは、スーパーバイジーのケアを受けるクライエントについて一人ひとりのスーパーバイジーが取り組んでいることを記録するためにメモを取り続けている。私たちスーパーバイザーは、スーパーバイジーがもつAEDPの知識や、精神内的能力と対人関係の能力、そして、彼らに実践してみるよう毎週私たちが励ましてきた具体的なスキルをトラッキングし続けている。私たちのメモには、それぞれのスーパーバイジーの成長点について、共同で構築してきたアイディアもある。この記録の作業は皆さんのご想像通り、継続的な共同作業プロセスの一部

である。すべてを言葉にしてはっきりと話し合い、メタプロセシングすることで、私たちは学習体験を共創するのである。

　AEDPの記録がほかと違うのは、スーパーバイザーが話の内容や生育史より、体験や力動を重視する点である（とはいえ、ひとりのクライエントを詳細に見ていくと、スーパーバイザーは時間とともにクライエントのライフイベントも知るようになる。私たちがまさに見ようとしているセッションの文脈を尋ねるからだ）。体験的力動とは「セッション中の瞬時ごとの体験を通じて、力動がはっきりと表れて、必要に応じておのずから生育史が明らかになってくる」ことを意味する。ここでもAEDPの三角形の図式が役に立つ。私たちは毎回のセッションノートに体験の三角形を描き「このセッションの、この瞬間のクライエントのコア感情はなんだろう」「彼女のよく使う防御戦略（防衛）はなんだろう」「彼女はどのように不安を感じるのだろう」と問う。

評価ではなく記述

　評価という言葉は、批判や判断を予期させる。代わりに記述という言葉に置き換えると、AEDPのスーパービジョンの作業の仕方に沿うニュアンスになるだろう。つまりAEDPのスーパービジョンには、単回で個別に行われる年度末のまとめのような評価はないけれど、メタプロセシングと瞬時ごとのトラッキングを通じて進展していく継続的な形成的学習プロセスがあるということである。AEDPのスーパービジョンはプロセス志向であり、プロセスをトラッキングするプロセスである。スーパーバイザーは成果の評価は一切行わないけれども、一貫して学習プロセスと参加者双方にとっての効果を確認している。

　スーパーバイザーは、見たこと、感じたこと、聞こえたこと、気づいたことすべてを使ってスーパービジョンをリードしていく。AEDPスーパーバイザーは自分たちの瞬時ごとのトラッキングのスキルをモデルとして見せているのである。そして少しずつ、スーパービジョンの場にほかのアイディアやツールを加えていく。たとえば、スーパーバイザーはスーパーバイジーに「この箇所を

一緒に見ながら、私の心に浮かんできたことをいくつか話してもいいですか」と聞いたりする。

スーパーバイザーは、スーパーバイジーがセラピー・セッションでクライエントと行ったことについて、自分が体験していることを「私にはこう見えました」「私にはこんなイメージが浮かんできました」「ここで動画を止めるとしたら、私はこう思うのですが……」などと述べる。このように、進行中の二者関係の主観に、第三者の主観を導入する。私たちは、私たちの知性、専門知識、考え方を、「徐々に、トラウマにならない」ように、自分のスーパーバイジーに貸すのである。このように、語り、プラットフォーム化し（クライエントの感情体験をセラピストの言葉で伝え返すこと）、声に出して考え、そして事例の題材に対する自分の内的反応を描写することは、臨床作業において遊び心のある体験を提供する。なぜなら、スーパーバイザーの想像が、セッション中に（あるいは、今現在のスーパービジョン中に）、スーパーバイザーが何を考え、感じ、見て、聞いているのか、一緒に考えるようにスーパーバイジーを招き入れる道筋を開くからである。何が起こっているのだろうと不思議がる精神や、好奇心、一緒に発見していくことは、学ぼうとする姿勢を生み出す。最近、あるスーパーバイジーがスーパーバイザー（プレン）に言った。「あなたからのスーパービジョンのコメントに対して、防衛的になる必要はないのですね」。スーパーバイザーは自分のみが専門家だという態度をとらないし、そのような立場に身を置くこともしない。

クリストファー・ボラス（Bollas, 1987）はウィニコットについて、ウィニコット自身の思考プロセスに対する態度こそが、押しつけがましくなく、クライエントを傷つけないコミュニケーションをつくったと書いている。彼にとって思考とは「蹴ったりひっくり返したりバラバラにちぎってみたりしながら遊んでみるものであり、真実についての公式見解というわけではない」（Bollas, 1987, p. 206）のである。この促進的な環境の中に、決めつけず「暫定的」で遊び心をもってアイディアを出すことはAEDPスーパービジョンの本質の一部である。AEDPでは、スーパーバイザーは私を主語にして、そのアイディアが

第 4 章　実践的な課題

スーパーバイザーの主観であることを示す。これはあくまでアイディアであり、決定的なものとして権威づけされる概念ではないことをはっきりさせるためだ。クライエント－セラピストの二者関係には独自のリズムとペースがある。スーパービジョンでは二者関係の関わり方のレパートリーを増やすことが重要であり、二者関係に過度に干渉したり混乱させたりしてはならない。

　AEDP ではボラスの著作をさらに展開したスーパービジョン介入として「私はこう思うのですが」「私に 1 つ考えがあります」「思いついたことですが……」「私はあなたが離れていくのを感じます」と言ったりする。スーパーバイザーとして、私たちは何かを話し始めてから話しながら軌道修正すること（スーパーバイザー、つまりブレンが中断と呼んでいる介入）で、スーパービジョンの介入を自在に操る能力を示すのである。「あなたのクライエントを見ていて私はこう感じるのですが……、待って！　少し考えさせて……。多分そうだと思うけど、なんとなく違う感じもして……。一度立ち止まって、もう一度考えさせてください」（Bollas, 1987, pp. 206-207）。押しつけにならないやり方でスーパーバイジーの介入のレパートリーを増やしたり幅を広げたりするためにはこのようにしてみてもよい。「ここであなたがしたことに注目してみてください。あなたがこんなふうに介入したら、クライエントはリラックスして、あなたとしっかりと視線を合わせていますよね。素晴らしい！　あなたがここで行ったこと、とてもいいなと私は感じました。これ以外にここで言えそうなこと、できそうなことはありますか」

　スーパーバイジーは「『ここで、少しペースを落としてもいいですか』と聞けたかもしれません」と言う。

　スーパーバイザーは「そうですね。いいアイディアだと思います。ペースを落とすために、ほかにどんなことができたと思いますか。一緒にペースを落とすための介入のリストをつくってみてもいいでしょうか」

　スーパーバイジーがしたことをスーパーバイザーがミスだと思うときも、スーパーバイザーが思慮深く巧みに考えを述べ、さらにクライエントの反応がスーパーバイジーのミスを裏づけると、安全が確保される。スーパーバイザー

からのフィードバックが褒め言葉だけになってしまったら、最終的に安全性は生まれない。AEDPではよくこう言う。「ミスというものは存在しない。ただ次に行うべきメタプロセシングがあるだけだ」。最近のコア・トレーニングで、あるスーパーバイジーがクライエントに感動的な変化が起こったセッションビデオを見せてくれた。セッション終盤で、変化の瞬間についてメタプロセシングしている最中に、セラピストであるスーパーバイジーが、ほかのクライエントとの作業について一般的な意見をさまざまなやり方で述べたが、ほかのクライエントを明らかに引き合いに出したせいで、目の前のクライエントは、腕を組み、涙を浮かべ、目をそらしてしまった。セラピストは、そのときはその反応に気づいていなかったが、改めて今録画を見てクライエントが強い反応を示していることをはっきりと目にした。それに反応してスーパーバイザーは、ほかのクライエント一般について話すことは、間違いだったと思うと言った。スーパーバイジーは同意し、今後はそんなことをしないだろうと励まされた気持ちになった。彼女はまた、クライエントとの次のセッションでこのことを話し合ってみようと思えるようになった。ちなみに、このやりとりはコア・トレーニングの中で、ほかに10人のセラピストがいるグループ場面で起こった。このやりとりを通じて、グループメンバーにも一般原則をうまく教えることができた。また、グループ参加者全員の間に十分な安全性があり、傷つきやすさを見せられると感じられたので、スーパーバイザーもこれが間違いだったと思うと直接言えた。そしてクライエントの反応が、これらすべてを導く最強の指針となった。

恥を刺激しない厳密さ —— セルフ・スーパービジョンとAEDP介入
忠実性尺度（the AEDP Fidelity Scale）

　スーパーバイジーがAEDPの認定セラピストを目指すと、具体的なガイドラインに従う必要が出てくる。ここで求められることは、認定プロセス全体を通してはっきり示されており、当たり前のことしかない。スーパーバイジーは、AEDP介入忠実性尺度（以下、AEDP-FS。https://www.aedpinstitute.org/wp-content/

uploads/2014/01/AEDP-Fidelity-Scale-Self-Report.pdf 参照）とセルフ・スーパービジョンに関する配布資料を使うことで、自分の次の学習課題が何かを明確にできる。AEDP-FS（Faerstein & Levenson, 2016）はレヴェンソンと AEDP 研究所によって作成された尺度である。この尺度を使うと、特定のスキルをセラピストが使えているかどうかだけでなく、どの程度うまく遂行しているかも測定できる。私たちが開発したセルフ・スーパービジョンのための配布資料には、AEDP 実践者とみなされるためにスーパーバイザーが遂行できなくてはならないスキルがリストアップされている。この資料には具体的な内容が記されているため、不安の軽減につながることも多い。

　こうした評価ツールを使うことで、スーパーバイザーはビデオ録画の一部を評定して、スーパーバイジーが行っていることを数値化することができる。また、時間をかけて伸ばしていきたい領域の介入と能力を確認することもできる。スーパーバイジーにとっては、反省的に振り返り、自己アセスメントを行う機会であり、さらに AEDP の多様な側面をより深く学ぶ機会となる。AEDP-FS を使って臨床活動を評価することは、スーパーバイジーが AEDP のプロセスを内在化し、学び、改善し、自分の能力を正しく評価し、さらなる成長や活動と実践が必要な領域へと能力を広げていくモチベーションを得るためのもう 1 つの方法である。スーパーバイザーはそのための支持や足場も提供していく。

　スーパーバイジーのトラッキングをするときに、具体的な介入名を使いながら行うと、スーパーバイジーに恥ずかしい思いをさせずにすむと感じるスーパーバイザーは多いようだ。そのため、スーパーバイザーは具体的なスキルの見出しや介入をリストアップした資料を使う。介入は目に見える AEDP の骨組みであり、ビデオの再生中も簡単に認識できる。スーパーバイザーは「あなたが行った肯定や、喜び、防衛の認識、瞬時ごとのトラッキングを見てください」のように言える。最も難しいと感じられる介入は、関係やつながりに関わる介入、特にスーパーバイジーやクライエントからの感謝を受け取ることに関わることが多い。私たちはほかのセラピーのトレーニングで、関係におけるポジティブな体験を探索しないように訓練されてきた。たとえば感謝は心の中で

思うだけで充分であると考えられてきた（Hanakawa, 2011）。AEDP では、違う。感謝は探索の入口だと考えるのである。関係性やクライエントの進歩の中から喜びや誇らしさを受け取り、それを表現する力は癒やしそのものをもたらす。スーパーバイザーはスーパービジョンの中でそれをモデリングし、AEDP のセラピー・セッションでそれを実践する。

　以下は、AEDP のテクニックや介入のリストである。

- ペースを落とす「スローダウンしましょう」
- 感情がのっている、あるいは気持ちについての言葉に注目し、それを探索する「その悲しみはどんな感じですか」
- クライエントの内的探索を促す「今、内側でどんな体験をしているのでしょうか」
- 体験と関係性に関する瞬時ごとのトラッキング「それについて私に話しながら、身を乗り出しましたね」
- エントリー・ポイントに注目し、それを捉えて介入する「何かが起こっていますね」
- 常にメタプロセシングを行うことを心がける「私たちうまくやれていますか」
- 肯定する「その通りですね！　あなたはとても素晴らしくできています！」
- 許可を求める「ここに1分ほどとどまってみてもよいですか」（時間制限を加える）
- 共同作業に誘う「これから一緒に……してみてもよいですか」
- 身体感覚を使う　「話しているとき、あなたは内側でどのような体験をしていますか」
- 瞬時ごとのトラッキング「笑顔が出ましたね。眉をひそめていますね。涙が出ています。ため息が出ましたね」
- メタプロセシング・関係性の明確化　「私が……を理解したこと・気づ

いたこと・それを気にしていることについてどう感じますか」
- クライエントがセラピストに与えた影響に関する自己開示　「私は心動かされました。私は感謝しています。素晴らしい、あなたが……を成し遂げたことにとても感動しています」

少人数のグループスーパービジョン

　グループスーパービジョンは、AEDP スーパービジョンでよく使われる形式である。グループのメンバーは互いから学び、互いにサポートし合う。グループスーパービジョンでは以下の 2 つの形式がうまく機能する。メンバーの AEDP トレーニングレベルが均質である場合は、AEDP の習熟度がだいたい同じくらいになるようにグループを組む。2 つ目のタイプのグループは、モンテッソーリの年齢混合グループ編成を参考にして、トレーニングレベルの異なるメンバーで構成される。メンバーは自分より高いレベルの人から学ぶことができるし、逆にすでに知っていることを見ることも勉強になる。グループスーパービジョン・セッションの中で起こることそのものにしっかりと集中するのはもちろんだが、メタプロセシングや、グループ前に感じる不安の調整は、地下鉄に向かっているときや、駐車場、あるいはエレベーターに乗っているときにも起こっている。また経験の長いメンバーに対して、新しいメンバーに歓迎の気持ちをはっきり伝えてもらったり、助けてもらえるよう頼んだりすることで、グループの安全性と一体感をさらに高めることができる。

場面「こんなに不安なセラピストが不安に苦しむクライエントをどうやって助けられるのだろう」

　このスーパービジョンは少人数グループで行われている。私たちは月に 2 回、2 時間集まっている。グループメンバーのひとりであるジャッキーが話し始めた。

　　普段ここにきてビデオを見せることに、まったく不安を感じなくなって

いますが、昨晩も今朝も、なぜか恥のスパイラルにはまっているんです。不安で、自分には能力がないと感じた……感じていて。とても恥ずかしい感じがしています。これから、不安に苦しんでいるクライエントの場面を見せようとしているのですが、私自身もすごく不安で。「こんな不安そうなセラピストが不安なクライエントを手助けできるの」って思われるんじゃないかと考えると怖いです。

　このとき私（プレン）はスーパーバイザーとして何をすればよいだろうか。
　スーパーバイザーはジャッキーに尋ねた。「そのことを私たち（グループ）に共有してみて、どんな気持ちを感じますか」
　「大丈夫そうです。言えてよかった」と彼女は答えた。
　「どうもありがとう」とひとりのグループメンバーが言った。「話してくれて、そして、あなたが本当に苦労した場面をもってきてくれて本当に嬉しいです。あなたがそうしてくれるたびに、いつもとても勉強させてもらっています。ありがとう！　ありがとう！」
　「今の言葉を聞いてどうですか」スーパーバイザーが尋ねる。[**メタプロセシング**]
　「よかったです。少し安心しました。そしてこれは並行プロセス（パラレル）なのだろうか思いました」とジャッキーは言った。
　「私もそうかなと思いました」とスーパーバイザーは言う。「もしかしたら、あなたが感じている不安や恥はクライエントのものでもあるかもしれません。彼は自分が無能だと感じていて、あなたはその一部を抱えているのかもしれない、彼の気持ちをしっかり捉えていて」
　「そうですね」ジャッキーは言った。「その通りかもしれません」
　「私たち、どうすればあなたの役に立てるでしょうか」スーパーバイザーは尋ねた。
　「どうか批判しないでほしいんです！　ビデオの中で、私の足がひどく揺れているのがわかるでしょう。セッション中、とても不安だったんです。ああ、

本当に恥ずかしいし、情けない。ずっと考え続けています。『私は不安でめちゃくちゃなんだ！　こんなに不安なやつが、クライエントを助けることができるわけない』って」

　スーパーバイザーは微笑んだ。「たくさんの考えが起こってきているのですね」。そして両手を上げて体験の三角形を作った。「あなたは今三角形のどこにいますか」

　「三角形の上、上、上にいます！」ジャッキーは答えた。

　「そうですね」スーパーバイザーは言う。「考えることは置いておいて、今の体の感覚を感じてみましょうか」

　ジャッキーはうなずいて深い深呼吸をした。「あなたとこうして座っていて、内側に孤独を感じます」

　「孤独ですか」

　「誰も私のことを知らないような」とジャッキー。「本当にひとりぼっち。孤独。完全に隠されている感じ」

　「それは本当に大切ですね。一緒にビデオを見ている間、その感覚を手放さずにいてください。いいですか」

　ジャッキーはうなずいた。

　私たちはそのセッションの冒頭を見た。クライエントが話している。彼は感情から切り離されている状態だった。私たちは、彼の話し方が速いことや、ペースを落とすことについてコメントした。セラピストのジャッキーは言った。「彼が部屋に入ってきたときの様子を皆さんに見てほしかったんです。私はまったく口を挟めなかった」

　スーパーバイザーは、セラピストのジャッキーと目を合わせられるかどうか尋ねながら、クライエントをスローダウンさせることを提案した。クライエントは、自分がどれだけ不安で、どんなに自分の体が嫌いで、自分に魅力がないと感じているかについて話しながら、孤独を感じている。ジャッキーはあらかじめ選んできた部分までビデオを進め、実際にクライエントとセラピストが少しスローダウンしたときに何が起こったのかを見せた。グループの私たちは、

ジャッキーが介入するのは大変だっただろうと思った。何回かの試みの後、ジャッキーはクライエントに、次のようにかなりスローダウンすることに成功した。「そのことすべて、とても大事ですね。全部知りたいのですが、でも今はまず……、ふう、ここで一緒に少し深呼吸してみましょうか。そうしてもよいですか」とジャッキーが言う。クライエントは安堵して大きく息を吐いた。

「あなたの言ったこと、いいですね」とスーパーバイザーは言った。「彼が『安心した』と言ったとき、彼がスローダウンしながら安心の感覚を身体の内側で感じているのが見えました。そしてその瞬間、彼の神経系も調節されたような感じでした」

「ええ、ええ。私もそう感じました」ジャッキーは答えた。

「ではここで、彼をこの体験にとどまらせるにはどうするか考えてみましょうか。彼はまた話し始めましたが、彼に何が起きたのかよくわかりません」

別のグループメンバーも、この瞬間を振り返った。「クライエントがそう言って、体もリラックスしていたとき、あなたが足を揺らすのも止まっていましたね！『今、身体にどんな感覚がしますか。内側にどんな気持ちが起こっていますか』と聞いてもよかったでしょう。そうすれば彼もその変化や、変化したことに気づけるし、あなたといるときの今ここの彼自身の体験がこの新しい感じ方へ切り替えされるかもしれません」

「本当だ。わかったわ」ジャッキーは興奮したように言って目を輝かせた。

「今日この作業を私たちとシェアしてみてどうでしたか」スーパーバイザーは尋ねる。[**メタプロセシング**]

「よかったです。気持ちが楽になりました」とジャッキーは言った。

「よかった」スーパーバイザーは言った。「少しだけ確認したいのですが、いいでしょうか。[**許可を求める**][ジャッキーがうなずく]どんな感じがするでしょう……気分がよくなったときどういう体験が体に起こっていますか」[**身体的な探索**]

ジャッキーはため息をつく。

「大きなため息が出ましたね」スーパーバイザーは優しく伝え返しをした。

「うん。前より地に足をつけて、背筋が伸びて、落ち着いていますね」そう言って澄んだ眼差しで、まっすぐジャッキーを見つめた。

「ありがとうございます。気分がよくなりました」ジャッキーは言った。「とても恥ずかしかったし、孤独を感じていました。ふう。こうすると少しよくなった感じです。ふうーっ」

彼女はほかのメンバーをしっかり目で捉えて言った。「本当に、皆さんありがとうございました」

スーパービジョングループでは、感情的にも困難な課題に向き合う必要が出てくることがある。特に力動的な内容が提示され並行プロセス（パラレル）が起こるような状況でそうなりやすい。スーパーバイジーが、自分自身が苦しんでいることとまさに同じ課題を抱えたクライエントについてスーパービジョンに取り上げることはよくある。たとえば、セッションの途中で固まって黙り込んでしまうクライエントとの作業についてスーパービジョン・セッションで扱っている最中に、スーパーバイジーが普段はまったくしないのに、同じように固まって黙り込んでしまうというように。また、いろいろなケースを次々に取り上げて十分に検討の時間がとれないスーパーバイジーが、セラピーで次から次にいろいろ話をして検討しきれなくなってしまうクライエントのビデオを見せたりする。あるいはセラピストがどれだけ助けになったかを過剰に称賛するクライエントがいると、そのクライエントを担当しているスーパーバイジーも同じようにスーパーバイザーを過剰に賞賛するようになる。こうした現象はビデオと感情伝染によって、さらに頻繁に見られるようになってきている。

時間を経てグループの安全性が高まるにつれて、学ぶ側も教える側も、より複雑な作業を行っているビデオを見せることが多くなる。スーパーバイザーも、さまざまな理論概念を教えたり、いろいろな場面が起こりうることを伝えたりできるように、スムーズにいかないケースや行き詰まるケースも含めて多様な場面の抜粋を見せていく。そうしたことを通じて、訓練を受ける側もAEDPモデルを身につけることが可能だと感じられるようになる。

結論

　この章では、AEDPスーパービジョンの実践的な側面について述べてきた。まずビデオ録画の重要性と、どのようにAEDPは評価的でなく記述的かについて説明した。AEDP-FSについて論じ、AEDP認定とみなされるためにスーパーバイジーが示す必要のある具体的なスキルを概説した。AEDP側面で均一にする一定の考え方や一連のスキルを含むことがわかっていただけただろう。こうした厳密さによって、スーパーバイジーは一定のスキルや介入を学ぶことができ、恥を感じさせられたり、唐突に驚かされたりすることなくトレーニングを受けることができるのだ。次の章では、さまざまなアタッチメント・スタイルに対応することや、私たちを訪れるスーパーバイジーのさまざまな体験のレベル、そして私たちがスーパーバイザーとしてそうしたことに適応できることがいかに重要か説明する。

第5章
よくある困難

　AEDPのスーパーバイジーのほとんどは、AEDPを学びたいと思ってスーパービジョンに来る。そのような人たちは学びへの強い熱意と、高いモチベーションをもち、自らの意志でスーパービジョンを訪れる。そのような人たちはほとんどの場合、理想的なスーパーバイジーである。それでも問題は起こりうる。そのため、そうした問題にどう対処すればよいか知っておくことは大切である。本章ではAEDPのスーパーバイザーとして、さまざまな難しさや困難をもつスーパーバイジーや、スーパービジョン内で起こる問題にどう対応するかを説明する。

　心理療法や、心理療法スーパービジョンの実践では、症状や精神病理、難しいクライエントやスーパーバイジーについて話すことが標準的になっている。しかしAEDPではクライエントやスーパーバイジーの健康的な部分や可能性を見つけようとする。つまり、難しいスーパーバイジーは、主に三角形上部のステイト1、つまり不安と防衛の状態にいると理解するのである。また、AEDPでは、困難さはその人がその時点で使える最善の防衛（すなわち適応）方略として概念化する。

　スーパーバイジーに対して一歩一歩、瞬時ごとに波長合わせすることを通じて、スーパーバイザーはスーパーバイジーに適応しようと想像力を発揮する。スーパーバイザーは、人を引きつけるやりとりを維持しようとする。スーパー

バイジーとうまく協調できず、行き詰まりや単調さ、役に立てていない感じがある場合、私たちは協調を取り戻し、スーパービジョンを修復して活気づけるよう取り組んでいく。スーパーバイザーはスーパーバイジーとそのクライエントのために働いている。自らのもつ AEDP の知識、能力、そしてスキルを駆使して、柔軟なスーパーバイザーになることが、私たちの仕事である。もしスーパーバイザーとしてスーパーバイジーがうまく学べていない、関われていない、もしくは私たちから学ぶことに困難を感じていると思ったら、私たちスーパーバイザーにはやるべきことがある。スーパーバイジーに合わせるのが私たちの仕事である。スーパーバイジーが、学ぶことが難しいと感じることがあったら、どう教えればいいか考えるのが私たちの仕事なのである。ハンナ・レヴェンソン（Levenson, 1995）は *Time-Limited Dynamic Psychotherapy*（「時間制限付き力動的心理療法」未邦訳）という本でこう述べている。「『難しい』クライエントは『抵抗』しているわけではない。クライエントは、自分なりの世界の解釈の仕方で、自分にできる最善を尽くそうとしているのであり、治療的作業とはクライエントの世界でクライエントに向き合うことなのである。(p. 177)」この考え方はスーパービジョンにも適用できる。もしスーパーバイジーが違いや困難を抱いているとしたら、それこそが私たちの仕事なのだ。

違いをスーパービジョンで扱う

　AEDP スーパーバイザーのもとを訪れるスーパーバイジーのもつ AEDP やセラピーの才能と適性水準はさまざまである。多くのスーパーバイジーは非常に優れた才能があるわけでも、まったく才能がないわけでもない。スーパーバイザーとしての私たちの仕事は、そのスーパーバイジーがうまくできていることは何かを把握し、それをもっと行えるように手助けすることである。私たちはまた、彼らの AEDP 実践の妨げになっていることも見つけていく。彼らが伸ばすべき能力やスキルはなんだろうか。
　スーパービジョンで、スーパーバイジーはクライエントとの間に起こる最も

恥ずかしくて最も困難な問題を話し合わなくてはならないが、問題が難しいほど、言い出すにはより大きな安全を感じる必要がある。スーパービジョンがうまくいっていない場合、スーパーバイジーはますます自分自身で発言を検閲したりふるいにかけたりするので、スーパーバイジーが傷つきやすさを共有することを一番よく促す状況を、私たちスーパーバイザーがつくることが何よりも重要になる。強みやうまくいっていること、そしてすでにセッションの中に起こっていることに目をやり、スーパーバイジーを称賛するとき、私たちは安全で信頼できる状況をつくっている。私たちにも、どうしてよいかわからないときがあると自己開示するとき、対応に苦労しているクライエントについて（「難しい」クライエントとして焦点を当てるのではなく）スーパーバイジーと一緒に興味をもつとき、そして孤独を打ち消しスーパーバイジーに寄り添う方法を見出すとき、私たちは作業の内にエネルギーを共創し、生き生きとした活気を保っているのである。

　それでは、スーパービジョンによく見られる困難とは何か、そして私たちはスーパーバイザーとして、どのように対応すればいいだろうか。

異なるアタッチメント・スタイルを扱う

　AEDP スーパービジョンに訪れるスーパーバイジーのアタッチメント・スタイルと内的作業モデルはさまざまである。自分の気持ちをもっと言葉にして表す必要がある人もいれば、言葉にもっと気持ちを込める必要がある人もいる（Wallin, 2007）。感じるが関わらない人がいる一方で、関わるが感じない人もいる。あるいは、時に対処し、時に引き下がり、時に感じるという人もいる（Fosha, 2000b）。感情調整が過剰で認知的に学ぶことが大好きで、新しいことを試す前に概念を知的に理解することが必要な人もいる一方で、体験と感情を今この瞬間の身体で体験できるが、自分が感じていることの内省をもっと深め、直観的に行っている臨床実践と理論を紐づける必要がある人もいる。

　セッション中や、セッションとセッションの間に、スーパーバイジーの不安

型や回避型のアタッチメント方略にスーパーバイザーが気づくことはよくある。たとえば、不安・とらわれ型のスーパーバイジーは緊急事態が起こったと感じると、スーパーバイザーに「セッションでミスをしてしまいました。クライエントはもう来ないかもしれません。どうしたらよいでしょうか」と電話をする。一方で、回避型・軽視型・自律型のスーパーバイジーは、スーパーバイザーに連絡もせずにクライエントを入院させてしまう！　アタッチメントスタイルは、防衛方略（体験の三角形の図式で言うと、ステイト1に位置する）を通じて見えてくる。スーパーバイジーが昔から使ってきた反応の仕方のパターンを知らない限り、新しい相互作用や体験を提供することはできない。そのため、まずは何か関係に関わることを行ったり言ったりした後のスーパーバイジーの反応を見ることなどで情報収集から始めるのが一番よいだろう。たとえばシンプルに「私たちの息は合っていますか、どんな感じでしょうか？　私たちの関係をどう感じていますか」と尋ねてみたり、スーパーバイジーの肯定や称賛のメタプロセシングとして「このクライエントとの作業について私から褒められてどう感じますか」と聞いてみたりしてもよい。

とらわれ型・不安型のアタッチメント —— 感じて引き下がる

　とらわれ型・不安型のスーパーバイジーが用いる方略や防衛（三角形の上部図1.2参照）には、過剰に感情的に喚起された状態を呈する傾向がある。これらの人たちは抑えきれない話をたくさん抱え、いろいろなクライエントや話題に次々と話が飛び、他人の文句を言う。彼らは「他者」に焦点を当てている。他者こそが解決策であり、彼らの安心の源なのである。

　そのためこのような人たちは大丈夫だと保証されたり、安心させてもらえたりする言葉やアドバイスが必要だと感じている。このような人たちはしばしば自分自身を攻撃する。「私はひどいセラピストです」「私なんかがセラピストになるべきではない」「こんなのお手上げです。私にできるはずありません」などと自分の考えや言葉によって喚起レベルを上げ、自分を高い覚醒と感情状態に引き上げてしまう。これがとらわれ型・不安型の不安と防衛のメカニズムで

ある。このようなスーパーバイジーは内的な容量を増やす必要がある。つまり自分の内面で何が起こっているのか内省する能力を高める必要がある。メタプロセシングと内省を一緒に行うことで、内省力が向上し、気持ちを言葉にすることができるようになり、最終的には不安と気持ちを見分けることができるようになる。不安・とらわれ型のスーパーバイジーに対しては、スーパーバイザーであるあなたが、大切なことをすべてきちんと伝えることを保証してあげながら、「少しスローダウンして息を吸ってみましょう」「このセッションのはじめに、少し私たちのための時間をとりましょう」と声をかけるとよい。

回避型・軽視型 ── 関わるが感じない

　回避型・軽視型のスーパーバイジー(三角形の上部)の方略や防衛は感情の喚起が低すぎる傾向がある。このタイプのスーパーバイジーは、知性化し、過小評価し、ニーズを否認し、過度に自律的であろうとする。調整過剰のスーパーバイジーを助けていくためには、自己−他者の方略を用いた作業を行うのがよい。このようなスーパーバイジーは助けを求めること、自分の内的感情や対人的に他者とつながることへの励ましが必要かもしれない。

無秩序型アタッチメント ── 感じて、時に引き下がり、時に関わる

　無秩序型のアタッチメント・スタイルは、セラピストとしてもスーパーバイザーとしても、一緒に作業をするのが最も難しい。無秩序型アタッチメント方略は、養育者が安心感を与えてくれる対象であると同時に恐怖の原因であったことに起因している。幼児は恐ろしい養育者に、両腕を伸ばし、顔を背けながら近づく。つまり求めつつ恐れているのである。このような接近や回避の方略に対応するときには、スーパーバイザー側には創造性と敏感さが要求される。もし、スーパーバイジーに、あるときは緊急に助けを求められ、別のときには、手助けしようとすると驚かれてしまって困惑するようなことがあったら、そのスーパーバイジーは異なる「自己の部分 (parts)」をもってスーパービジョンに来ている可能性があることに注意する。自己の異なる部分について言及する

理論的捉え方（Parts Language）は、葛藤的で時に正反対のニーズに触れるよい方法である。たとえば「あなたの中には、このことに対処でき、自信をもっている部分もありますね。でもあなたのほかの部分（パーツ）は、別の考えをもっているようです。面接室に戻ってこのクライエントと一緒にいるとしたら、どう感じるでしょう」といった形で尋ねるとよいだろう。

スキル不足もしくは訓練生の障害となるもの

　スキル不足と訓練生の障害になるものは、以下の２つの異なる専門領域において見られる。１つ目はセラピーの構成要素に関するもので、２つ目は訓練生の能力に関するものである。AEDPのスーパーバイジーのほとんどは、AEDPのスキルを学びたいと思ってスーパービジョンに来る。スーパーバイジーたちはスキル不足を自覚しているので、スーパーバイザーはそこからAEDPセラピーの要素を積み上げ始めることができる。一方、訓練生の中にある訓練を困難にする障害を同定するのは難しい。スーパーバイジーの中には、何かが邪魔をしている感覚があることが多い。そしてスーパーバイザーは、それがスーパーバイジーの自己や他者との関係に関わっていると直観できる。AEDPに惹かれたスーパーバイジーは、治療関係や自分自身の人生において、もっと関係に着目し、それを大切にするという意味で「関係的」でありたいと望むことが多い。関係的介入（第２章参照）は、これまで明示的に個人の内面に焦点を当てたり、治療関係について取り上げて話し合うことが少ない介入法の訓練を受けてきたスーパーバイジーにとって、最もハードルが高い介入になりうる。

　クライエントとの間で特定のスキルを一貫して効果的に用いることができないのは、訓練生のもつ障害になんらかの形で関係している可能性がある。セラピストは体験的・力動的な障害物（ブロック）をもっているために、特定の方法で介入できないことがよくあるが、スーパーバイザーが優しく尋ねれば、その理由はすぐにわかることが多い。前頭前野で理由がわかったからといって、

実践で必ずしも変化を起こせるわけではないが、難しさをひも解き始めただけで、何かが緩み、変化が始まることは多い。私たちはスーパーバイジーがセラピストとして学ぼうとしていることを繰り返し体験できるようにする。なぜなら、実際に体現される体験の中でこそ、深く持続的な変化が起こるからである。

　AEDPをどうしても学べないセラピストはいるのだろうか。この点で、ビデオ録画が重要となる。ビデオを一緒に見ることで私たちは、セラピストが言語・非言語に行ったこと・行わなかったことすべてに対するクライエントの反応を知ることができる。またセラピストが話しすぎていたり、逆に十分に話せていない場面についても知ることができる。そしてそこから、スーパーバイジーにクライエントをスローダウンさせてみるよう試してもらったり、感情が込められた言葉に気づいてもらったりすることもできる。私たちはこれまで、スーパーバイジーがAEDPを学べないという体験をしたことはない。

あなたのスーパーバイジーのAEDP経験レベルに合わせること

　スーパーバイザーはスーパーバイジーの現時点でのAEDPの習熟度を確認し、現在地に合わせたスーパービジョンを行い、同時にスーパーバイジーが次のレベルに進んでいけるよう促していく。初心者セラピストと、より経験のあるセラピストでは、異なる種類の介入や構造、援助が必要となる。厳密に言うと、AEDPには、スーパービジョンのレベルや段階モデルはないが、一緒にスーパービジョンを始める時点で、その人がひとりのAEDPセラピスト－スーパーバイジーとしてどのくらいの時間取り組んでいるかに注意を払っている。

　マクニールとストルテンバーグ（McNeill & Stoltenberg, 2016）は、スーパービジョンにおける統合的成長モデルを開発し、スーパーバイジーがセラピストとしての自信を得ていくレベルを示した。そして、その過程でスーパーバイザーが成長をどのように支援できるかを述べた。彼らのモデルでは、訓練生は3つの発達レベルを経るとされ、経験を重ねるにつれて構造化されたスーパービジョンは減っていく。これらのレベルと、それをAEDPの学習や指導にどの

ように適用できるか考えることは有用である。予備的研究によると、AEDPのスキルと理念の多くは、AEDPのセラピストがさまざまな段階を加速度的なペースで進むことを可能にすることを示している（Iwakabe, Fosha, & Edlin, 2016年；本書の第7章、196ページを参照）。

　レベル別のアプローチは直線的なようだが、実際はそうではない。それは二者関係的であり力動的である。スーパーバイジーによっては、特定のクライエントやクライエントの状況に直面すると、スキルが使えなくなったように感じたり、高い不安を体験したりするかもしれない。レベルにかかわらず、AEDPの骨格や構造となる技法と介入は同じである。また治療目標、ひいては私たちがスーパーバイジーの行うセッションの中に見たいと望んでいるものも同じである。

　成長のレベルや段階というこの考え方は、スーパーバイザーにも同じように当てはまる。経験の浅いスーパーバイザーは、熟練したスーパーバイザーよりも、より具体的な構造に関する助け、特に「枠組み」と関わる諸課題についての助けを必要とする。枠組みの課題は、第6章でスーパーバイザーの継続的なトレーニングについて議論する際に詳しく説明する。

スーパーバイジーが熟練者であるとき

　AEDPには、すでに十分経験を積んだ多くのセラピストが集まるため、AEDPのスーパーバイザーが、自分より熟練したセラピスト−スーパーバイジーの訓練やスーパービジョンを行うことも比較的多い。そうした状況では、スーパーバイザーが「私はこのスーパーバイジーに何を教えられるのだろう」と思いがちである。しかし、多くのセラピストにとって体験的・関係的に作業することは、今までと違う体験であることを理解すれば、たとえスーパーバイジーが心理療法家として20〜30年の経験をもつ人だとしても、私たちはAEDPを教えられると思えるようになる。

　経験を積んだスーパーバイジーがすでに知っているようなことにAEDPを

組み込むことは、特別な難しさがある。長年心理療法をうまく実践してきた人が、再び初心者になったように感じることに困難感を覚えることもある。大学院を卒業したばかりの人や実践を始めたばかりの人と作業することとはこの点で異なる。AEDP を学ぶことは、その人個人の生育史にまつわる防衛や、AEDP の前に用いていたアプローチを放棄したり修正したりすることへの防衛を喚起しうる。すべての学びは受容力を必要とするため、私たちはスーパーバイザーとして、スーパーバイジーが恥と批判を回避するために使う防衛に気づく手助けをしなくてはならない（M. Fried, 私信, March 21, 2016）。善し悪しの判断を加えず、記述するように行うフィードバックは、スーパーバイジーが反射的に反応しやすい部分に拮抗し、学習に対してオープンな姿勢を保てるようになることに役に立つ。

事例

ジュリーはスーパーバイザーにビデオ録画を見せている。クライエントは、その週に起きたことを次々に話している。「それで、実際日曜日は楽しかったんです。私たちはみんなで映画を見に行って、それから家で夕食に朝食のような食事を食べました。卵、パンケーキ、メープルシロップ、ベーコンです……私たちみんなそれが大好きなんです」

クライエントは話を続け、セラピストは何も言わない。彼女はときどきうなずき「それは楽しそうですね」と伝え返す言葉を挟むだけだった。クライエントが夫とのけんかについて説明したときも、セラピストは同じように反応をしていた。「私は子どもたちと家にいて夕食を作っていました、一日中働き続けた後に。すると彼が帰ってきて、バッグを置いて、スポーツジムに行かないと、と言いました。（あたかも家族よりもスポーツジムに行くことのほうが大切かのように）彼は行かないと、っていう言い方だったんです」。セラピストは「まぁ、行かないとって」と言う。

私たちはビデオを止めた。スーパーバイジーは、クライエントにただ話をさ

せ、ストーリーを語らせ、報告させているだけで、関わりをもてていないことに気づいていると言った。スーパーバイザーは、今の場面をもう一度見てクライエントをトラッキングし、一緒にエントリー・ポイントを探そうと提案した。「彼女は言葉でストーリーを語っていましたね、そして身体も1つのストーリーを伝えていますね」スーパーバイザーは言った。「彼女を、三角形のどこに置けるでしょう。もし私たちが彼女のコア感情を推測するとしたら、なんでしょうか」

クライエントにただ話を「させている」とき、スーパーバイジーは恥を感じることが多い。彼らはAEDPの作業に正しいやり方があることはわかっているが、これとは違う！　私たちはスーパーバイジーが今現在の言動に注意を払えるように、WAITとWAILという2つの頭字語を用いる。

- WAIT（=Why Am I Taking）：私はなぜ話しているのか。
- WAIL（=Why Am I Listening）：私はなぜ聞いているのか。

セラピストは、クライエントが身体的な体験つまり三角形の底辺に降りていくのを手助けするべきだということはわかっている。だがそれでも時にスーパーバイジーは、この話をすることに意味があることや、このクライエントが自分にこのことのすべてを話しきる必要があると考える理由を訴える。何かについての話をすることが重要なこともある。そうであっても、AEDPにはその話をしている最中に、その語りの中にある感情に焦点を当て、身体への気づきをもち続ける方法がある。たとえば、ここでスーパーバイザーはこう言うかもしれない。「すべて聞きたいと思っているのですが、もし余裕を保てるなら、その話をしながらあなたが感じていることや、あなたの身体が教えてくれていることを一緒にトラッキングしてみませんか」。ここでも自己開示やノーマライゼーションが役に立つ。スーパーバイザーである私たちもAEDPセラピストとして、恥を覚えることがよくあると知ることは、孤独を打ち消すことにつながり、上下関係にならない形でスーパーバイザーとスーパーバイジーをつな

げるのに役に立つ。私たちは、AEDP を実践するセラピストの体験に関するエリザベス・シェトル（Schoettle, 2009）の研究をよく紹介している。

　ある研究参加者は……勇敢にも、クライエントを防衛（ステイト 1、三角形の上部）からコア感情（別名、コア感情、ステイト 2、三角形の下部）に移動させることに苦労するときに感じる恥について描写した。彼は、恥は AEDP の臨床家によく起こることだと考えた。さらに、クライエントが防衛状態にとどまり続けるような理論に基づいて臨床を行う臨床家は、AEDP セラピストのようにこの作業を行うことを想定していないため、恥はそれほど多く起こらないのではないかとその理由を推し当てた。同じ AEDP 臨床を行う仲間も、恥（やその他のネガティブな気持ち）を感じていると知ることは、AEDP の臨床家を安心させ、仲間やスーパーバイザーの前で、もっと包み隠さず話せる許可を得られた感じがするかもしれない（p. 116）。

結論

　スーパーバイザーが、スーパーバイジーのさまざまなアタッチメント・スタイルや経験レベルに合わせると、スーパーバイジーは批判や恥をどう避ければいいか心配することをやめることができ、代わりにスーパービジョンを最大限活用するための方法に目を向けることができる。次章では、AEDP スーパーバイザーを育てる際の 2 つの方法を説明し、AEDP におけるセルフケアの方略についても説明する。

第 **6** 章

スーパーバイザーの成長とセルフケア

　著者らは、臨床家からスーパーバイザーになる過程で正式なトレーニングをほとんど受けてこなかった。私たちは自分たちのスーパーバイザーや、スーパービジョン体験、そしてAEDPとその実践から学んできた。しかしセラピストにトレーニングやスーパービジョンを提供したり、スーパーバイザー育成のためのトレーニングを開発する中で、正式なスーパーバイザー育成トレーニングが存在しないことが、AEDP学習の明確な道筋を作りたいと思う1つの動機づけになった。

　AEDP研究所は国内外に拡大しつつあり、私たちはスーパーバイザー・トレーニングプログラムを開発中である。AEDP認定スーパーバイザーになるには、まずAEDP認定セラピストになる必要がある。そして、その後にスーパーバイザーの訓練課程に進むことができる。AEDP認定スーパーバイザーになるには次の2つの道がある。(1) 体験エクササイズ［訳注：AEDPセラピストになるためのトレーニングの中で行われるロールプレイ］の中でスーパーバイザーの役目をする「アシスタント」になるためのトレーニングを受ける、そして (2) 訓練中のスーパーバイザーを対象としたグループか個人の正式なトレーニング課程を受ける、である。

スーパービジョンのアシスタント

　AEDP研究所のエッセンシャル・スキル・コース（Essential Skills course）では、セラピストがスーパーバイザー訓練のためにアシスタント・スーパーバイザーとして体験エクササイズに参加する。アシスタントは各回週末を含む3日間、毎日4時間半、3人のコース参加者と直接エクササイズをする。そしてAEDP研究所はそのアシスタントと協働しながら、訓練や教育内容を改善していく。私たちはアシスタント・スーパーバイザーたちが各週末の学習目標を効果的に指導しているかどうか、即座にフィードバックを得る。

　体験エクササイズではセラピスト役、クライエント役、観察者役の3人が一緒に作業を行い、それぞれのグループにアシスタントがひとり割り当てられる。グループには毎日違う指示が与えられる。その内容はたとえば「あなたが最近やり遂げたこと、あるいはあなたが心地よいと感じたことについて話してください」などがある。コースの参加者はそれぞれの役で25分ずつ作業を行う。セラピスト役は特定のスキルを練習し、クライエント役がそのスキルの受け手となり、観察者役はエクササイズの展開とともにセラピストとクライエントの内側に起こる体験を瞬時ごとにトラッキングしていく。週末を含む3日間のトレーニングを通じて、アシスタントは参加者が5～10種類のスキルを練習できるようリードしていく。こうしたスキルにはスローダウンや、肯定、瞬時ごとのトラッキング、エントリー・ポイント、不安の調整、防衛に気づくこと、自己開示、メタプロセシング、ポジティブの優先、トランスフォーマンスの発見、身体感覚への焦点化などがある。コース参加者からの詳しい授業評価をもとに、アシスタントがどのような訓練者スキルを向上させる必要があるか、即座に明確なフィードバックが得られる。コース・リーダーはその後、個々のアシスタントと時間をとって、参加者からの評価を見ながら振り返りをする。AEDPではこのような方法を使って、アシスタントのライブ・スーパービジョンの力を向上させるための計画を協働で立てていく。アシスタントが今

後取り組む必要がある領域としてよく出るのは、スローダウンしてエクササイズを準備する時間をとる点や、アシスタントがグループメンバーにフィードバックするやり方をはっきり伝えて確認しておくこと、枠組みに関する課題を扱うこと、たとえば時間管理をしたり、エクササイズ中、感情が揺れすぎるときに止めること、3人のメンバー全員に公平でいること、参加者に十分なフィードバックをすることで学べていると感じられるようにすること、逆にフィードバックを与えすぎて参加者が失敗や恥を感じたり、負担が大きすぎると感じたりすることを防ぐことなどがある。

私たちはセラピストが、アシスタント・スーパーバイザーの役割を通じて急速に成長するのを目のあたりにしてきた。典型的な5回にわたる週末のエッセンシャル・スキル・コースを通して、多くの新しいアシスタントが、目に見える形でスーパーバイザーの成長ステージを進んでいく（McNeill & Stoltenberg, 2016）。第1回目の週末コースでは、アシスタントの役割を担い始めることへの最初のショックや危機、役割に対する力不足感を覚える。次に自意識過剰になり、成功も失敗も自分のせいだと感じて、不安や熱意、興奮が高まる。4回目か5回目の週末になると、アシスタントは自信をもち、アシスタントとしてのアイデンティティを自然に引き受け、その役割において安全でいられる感覚をもち、グループや3人のメンバーに起こる通常のプロセスや、起こりうることを理解し、それを見通せるような体験へと移っていく。その頃にはアシスタントも、週末3日間のコースに典型的な流れがあって、金曜日にはグループが形成され、土曜日にはそれが安定し、日曜日は親しくなった3人が別れる切なさを感じる日になることに気づくようになる。

うまくいかないときにそれを認めることは大切である。最近のエッセンシャル・スキル・コース参加者は、プレン（筆者）が「今日の午後のエクササイズがうまくいかなかったと感じた人はいますか」と尋ねてくれて、とても安心したと話した。何人かの参加者は困惑した点を共有した。プレンは「皆さんの言う通りです」と答えた。「そのスキルは実践が難しいので、身につけるためのステップをもっと明確にする必要があると思いました。難しくて辛かったです

よね。教えてくれてありがとうございます」と言った。これは両者にとってプラスになる状況である。スーパーバイジー–訓練生は、自分のことを聞いてもらえたと感じられるし、コース・リーダーは教え方の向上に必要な情報を得られるからだ。このようにメタプロセシングを行うことはいつでも、スーパーバイザーとスーパーバイジー両方の成長に役立つのである。

　試したことのないスキルを訓練する中で、傷つきやすい状態にある3人のさまざまなメンバー個々のニーズに合わせながらライブ・スーパービジョンを行うためには、強いリーダーシップと3人組の作業の安全が保たれるためのはっきりとした見通しのある枠組みが必要となる。今ここで3人のグループに指導するのと、スーパービジョンの時間に自分のオフィスでプライバシーを守りながら、録画したセッションをもとに個人や継続的なスーパーバイジーのグループにスーパービジョンを行うのとは、かなり大きな違いがある。

スーパーバイザーの訓練プログラム

　AEDP公認スーパーバイザーになるための2つ目の道に、1年間のスーパーバイザー訓練プログラムがある。このプログラムでは、スーパーバイザー志望者たちがシニア・ファカルティ（上級指導者）1名の指導のもと、互いをスーパーバイズする。それぞれのスーパーバイジーはクライアントとのセッションビデオを提示し、グループメンバーからライブ・スーパービジョンを受ける（そしてこのスーパービジョンについて、シニア・ファカルティからスーパーバイズを受ける）。グループセッションはすべて録画される。仲間に見守られ、学びのプロセスを録画して振り返ることは、とても強力な体験となる。私たちはこうしたセッションの始まりと終わりがいかに大事か、またこの作業がいかに複層的かということを学ぶことができた。プレン（筆者）がスーパービジョンをスーパーバイズする際は、個々のスーパーバイザーがそのセッションから何を学び実践したいか、同時にそれが、スーパーバイジーの学びたいことやクライアントの目標とどのように連動するか知っておく必要がある。

私たちは、並行(パラレル)プロセスや、スーパービジョンで感情処理をどの程度促進するのか、教育と治療の線引き、スーパービジョンでの体験がクライエントごとに、また、そのクライエントがセラピストと一緒にいるときの状態によってどのように違って感じられるかといった疑問について検討する。セッション録画を再生して流すことと、瞬時ごとのトラッキングと指導のために一時停止することとのバランスをとることは重要である。コースの最後には、メンバーそれぞれが自らの成長やスーパーバイザーとしての学びを振り返りつつ、AEDP 理論がスーパービジョンにどう活用されたかについて詳しく具体的にまとめたレポートを書く。

メンタリング

スーパーバイジーのメンタリングは AEDP の重要な要素の1つである。これはアタッチメントを大切にする AEDP の姿勢から自然に生じる。AEDP のメンタリングにはさまざまな形がある。たとえば、それぞれのスーパーバイジーがもつ性質やアイディア、洞察を肯定する、そしてそれらを AEDP のメーリングリストで共有するよう勧める、「Transformance: The AEDP Journal」誌やその他のジャーナルに事例論文を投稿してみるように勧める、事例発表するよう AEDP ワークショップに招く、などがある。メンタリングを受けた体験がある専門家が、その体験をあら捜しや搾取的、支配的ではなかったと受け止めている場合、キャリア満足度が高いとされる (DeCastro, Griffith, Ubel, Stewart, & Reshma, 2014)。トレーニングのすべての段階において支持的であることが、AEDP のメンタリングの規範である。

プレン（筆者）はダイアナ・フォーシャやベン・リプトン、ロン・フレデリックのメンタリングから多くを学んだ。その後、個人やグループに向けたスーパービジョンを提供し始めたり、学会発表をしたり、AEDP のエッセンシャル・スキル・コースで教え始めたりしたときにも、メンターたちから具体的な助けや励ましを得てきた。そしてプレン自身も今、ほかの人をメンタリングすることに、専門家として非常に大きな満足感を感じている。

スーパーバイザーのバーンアウト

　ハリソンとウェストウッド（Harrison & Westwood, 2009）は「マスターセラピスト」の実践の特徴や、バーンアウト予防のために彼らが行っていることを調べた[1]。そこから得られた予想外の新しい知見によると、「クライエントと親密に共感的に関わることで、多くのセラピストは、消耗するよりもむしろ活気づくと述べている」、そして「現前性・存在感、心の底からの気づかい、愛情に基づく深くて親密な治療関係を築く能力が、臨床家のウェルビーイングと職業的満足感の重要な側面をなしている（p. 211）」。AEDPのセラピーやスーパービジョンはポジティブ感情を優先するので、介入作業をしていると気持ちよく感じることが多い。そしてこのことが、スーパーバイザー（とセラピスト）を代理トラウマやバーンアウトから守ってくれる。マイケル・グラヴィン（第1章参照）とのセッションを見ていると思わず笑顔が出てしまうだろう。そしてAEDPのスーパービジョンで感じる気持ちよさがほかのスーパービジョンとは違うと感じられるだろう！

　ハリソンとウェストウッド（同上）は、バーンアウトを防ぐための7つの予防的実践を明らかにしている。ここではそのうち最も重要な4つを述べる。孤立に対抗するためのコミュニティ、マインドフルな自己への気づき、優れた共感、積極的な楽観主義である。

● コミュニティ

　AEDPは、対面やオンラインで積極的に人が集うアクティブなコミュニティである。セラピストは、継続的な訓練の機会に積極的に参加したり、メーリングリストのモデレーターになったり、各地域のAEDPセラピストが集まる「サロン」を開催したり、ワークショップやイマージョン・コース、スキルコースなどでのアシスタントを務めたりするなど、世界中のさまざまな専門的機会に進んで参加している。私たちのメーリングリストは、世界中のAEDP

---

[1] ノークロスとガイ（Norcross & Guy, 2007）のまとめたチェックリストもとても役に立つので参照してほしい。

セラピストによる非常に活発なフォーラムで、そこでは喜ばしい達成や辛かったことを仲間とオンラインで共有することで、孤独を打ち消す場になっている。

またスーパーバイザーや仲間を頼りにできることもとても重要である。AEDPの仲間はよく「メッセージを送って、どうなったか教えてくださいね。話したければいつでも」と言う。グループメンバーは、スーパービジョングループの外でも「私の電話番号を知っていますよね。もし助けが必要だったら電話してくださいね」と伝えてサポートし合う。このようにしてひとりで乗り越えるのが大変すぎることに、一緒に立ち向かうことができるのである。

● マインドフルな自己への気づき

「心や身体、そして周囲の世界で刻々と変化する瞬間に焦点を合わせて注意を向けること」(Harrison & Westwood, 2009, p. 4) は、AEDPの瞬時ごとのトラッキングとも一致する。私たちは指導の中で、対人的なマインドフルネスと表現することもある。いろいろな意味において、セラピーやスーパービジョンにおける瞬時ごとのトラッキングこそが、マインドフルネスの実践と言える。マインドフルネスであることは「忍耐強さやプレゼンス、コンパッション（同, p. 4)」を高めてくれる。

● 優れた共感

共感はAEDPの土台である。それは治療関係がうまくいかないときも、怒りや強い主張に波長合わせが必要なときも同じである。作業が、瞬時ごとに起こることに焦点を当て続けることで、関わるすべての人にとって、生き生きとして、熱心さと活気とエネルギーがあふれるものになり、共感疲労やバーンアウトを確実に予防してくれる。

● 積極的な楽観主義

よい結果を期待して受け身で待つだけの楽観主義者もいるかもしれないが、積極的な楽観主義は、私たちがよい結果に向けて努力することが可能だと示し

てくれる。私たちは、クライエントが癒やされることが可能であることも、実際癒やされることも知っている。なぜなら、日々それを見ているからだ。痛みや苦痛の中を一緒に歩くとき、つながりや喜びの感覚も感じられるという希望と信頼を、私たちはもっている。

　スーパーバイザーも力動的な意味での傷つきやすさをもっており、人生を通じてほかの誰とも同じくらい多くの困難やストレッサーに直面する。私たちはAEDPに内在している予防的要素である、応答性の高いコミュニティや、この取り組みに対する興奮の共有などに守られていることに感謝している。

結論

　この章では、スーパーバイザーになるための専門の訓練の重要性に焦点を当て、私たちが発展させてきた、AEDPセラピストがAEDPスーパーバイザーになるための2つの道筋を示し、AEDPスーパーバイザーになるために必要な知識や能力、新しいスキルを身につける方法などを解説した。またその中でAEDPのスーパーバイザー訓練では、協働やフィードバック、メタプロセシングが重要であることも強調した。そして最後にAEDPのコミュニティや、マインドフルな気づきの実践、積極的な楽観主義が、AEDPスーパービジョンを、そして関わるすべての人を、活気づけ、活性化し続けていることを述べた。

第7章

AEDPスーパービジョンアプローチに関する研究[1]

> 最も深い部分で、私たちはスーパービジョンがもつ
> 最大限の変容を起こす力と可能性を信じている。
> （Watkins, 2012, p. 193）

　エドワード・ワトキンスは、臨床スーパービジョンに関する重要な著作の中で（Watkins, 1997, 2012; Watkins, Budge, & Callahan, 2015; Watkins & Riggs, 2012）、臨床スーパービジョンについての検討は、効果研究をふまえて厳密になされるべきだと訴える。他の研究者（たとえばFalender & Shafranske, 2017）とともに、ワトキンスは新世紀における質の高い心理療法スーパービジョンの基準を示した。本章では、これらの基準やその他の共通要因をレビューし、AEDPのスーパービジョンにどのように適用されているかを説明する。また、AEDPのプロセス（Iwakabe & Conceição, 2015; Lee, 2015; Piliero, 2004; Schoettle, 2009）や訓練（Faerstein & Levenson, 2016; Iwakabe & Conceição, 2016）、スーパービジョン（Conceição, Iwakabe, Edlin et al., 2016）に関する研究知見もレビューし、AEDPの変容的なスーパービジョンのメカニズムに関して、研究で明らかにされていることも見ていく。

---

[1] 本章の執筆にあたり、貴重な助言をいただいた立命館大学の岩壁茂氏に感謝の意を表したい。

効果的なスーパービジョンに不可欠な資質

　効果的であるためには、スーパービジョンがコンピテンス基盤であり（Falender & Shafranske, 2017）、「個別化されていて」「エネルギーがある」内容であり（Watkins, 2012, pp. 193, 197）、加えてエビデンスに基づいている（Milne, 2009; Milne, Aylott, Fitzpatrick, & Ellis, 2008）必要がある。AEDPの臨床的スーパービジョンは、4つすべての基準を満たしている。

　AEDPのコンピテンシー[2]とは、AEDP介入忠実性尺度（AEDP Fidelity Scale：AEDP-FS、本書第4章と https://www.aedpinstitute.org/ および Faerstein & Levenson〔2016〕も参照）によって表されるスキルである。AEDPでは巧みにそして効果的に「セラピストのもつ宣言的知識を手続き的知識に」（Watkins, 2012, p. 196）変換していくが、逆説的に、AEDPスーパービジョンは手続き的知識から始め、それから、宣言的知識を少しずつ織り込んでいく。手続き的能力を習得したら、私たちはスーパーバイジー自身が能力を発揮した経験をメタプロセスして、すでに実証された手続き的知識の基盤を強化していく。こうしてフェルトセンスが付け加わった手続き的知識を、今度はAEDPの癒やし（非病理）志向の理論やケースの見立てに関する宣言的知識で拡張し、高め、豊かにしていく。

　AEDPスーパービジョンはその基本性質上、AEDPのセラピーと同様、各スーパーバイジーの学習スタイルや職業的発達水準の違い、それ以外のさまざまな点に注意を向けながら、個人に合わせて個別化して提供される。AEDPのスーパービジョンでは、変化の方向を見定めるために瞬時ごとのトラッキングを行うことや、何か新しいことが現れた瞬間、そしてよい方向に向かう瞬間に注意を向けることを大事にしている。AEDPでは、個々のスーパーバイジーや、スーパーバイザーとスーパーバイジーのペアは、それぞれに特徴的であり、瞬

---

[2] 訳注：コンピテンス（competence）は臨床的技能全般を、コンピテンシー（competency）は査定、面接技能など個々の技能を指す。

時ごとに立ち現れる体験をもとに自分たちを定義し、構成していくものだとみなされ、また本人らもそう体験していると想定される（Conceição, Iwakabe, Edlin et al., 2016）。

　エネルギーを与えることについても同様である。第3章や本書の姉妹品DVD（Fosha, 2016）で解説されているように、スーパービジョン・セッションは興奮や高揚、ひらめき、エネルギー、修得感情を共有して終わることが多い。AEDPではよい方向に向かう微小な変化やより巨視的なプロセス、ポジティブ感情、変容プロセスに伴って起こるポジティブな身体−感情マーカー、そして変容感情の現象に対して、細かにそして正確に焦点を当てていく。そうすることでAEDPの臨床スーパービジョンは生き生きとしたエネルギーと新しさに満ちていき、スーパーバイザーとスーパーバイジーの中に定期的かつ規則性をもって「信頼、希望、畏怖、驚嘆」（Watkins, 2012, p. 193）が呼び起こされるようになる。最近行われたAEDPにおける臨床家の体験に関する質的研究（Iwakabe & Conceição, 2016）では、データに基づき3つのカテゴリーを生成したが、そのうち1つのカテゴリーが、「活力、エネルギー、フロー」であった。そのカテゴリーがAEDPにおけるこれらの体験の重要性を物語っている。

　効果的であるために、スーパービジョンはエビデンスに基づく必要がある。何がエビデンスを構成して、この言葉の定義をどう理解するかは複雑な問題である。スーパービジョン研究の専門家（Ellis & Ladany, 1997; Watkins, 1997, 2012）が認めるように、何がスーパービジョンを効果的にするのかという研究はまだ初期の段階である。APAの臨床スーパービジョンエッセンシャルシリーズ（本書はその一部である）は、私たちの比較知識基盤に大きく役立っている。具体的には、AEDPトレーニングが臨床家の知識基盤とAEDPにおける達成感を高める上で有効であると裏づける実証的研究（Faerstein & Levenson, 2016）があることを、私たちは誇りに思っている。しかし、AEDPの実証的根拠はそれだけにとどまらない。ハコミセラピーに関するグレッグ・ヨハンソン（Johanson, 2014）の主張をAEDPに適用して言い換えると、AEDPでは研究知見は、AEDPの臨床経験や現象学との批評的な対話をしている。この点こそまさに、

AEDPがどのように進化と成長を続けているかを示している。AEDPは、メタプロセシングの活用、録画ビデオの重視、癒やしへの焦点づけ、変容に関する現象の明確化、ポジティブ感情の優先、二者間の感情調整といった、スーパービジョンのさまざまな側面を切り拓いている。AEDPはまた、スーパービジョンの実践を伝えるために、病理や欠陥の理論ではなく、変化の理論を用いる先駆者でもあり、設立当初から、つまりそのような考え方が時代の潮流となり、実証的な研究によって支持されるよりも前から、そうしてきたのである。

さらに、AEDPは心理療法や心理療法スーパービジョン以外の知見からも、実践に関する裏づけを得て拡張・発展している。たとえば、AEDPの治療的作業は、神経可塑性（Doidge, 2007; Murty & Adcock, 2013; Shohamy & Adcock, 2010）、情動神経科学（Damasio, 2010; Panksepp, 1998; Panksepp & Biven, 2012 等）、アタッチメントや感情理論（たとえば、Bowlby, 1982, 1991; Darwin, 1872/1965; Ekman, Levenson, & Friesen, 1983; Fonagy & Target, 1998; Fredrickson, 2001, 2009; Keltner, 2009; Main, 1999）、対人的神経生物学（Siegel, 2010）、発達研究（Beebe & Lachmann, 1994; Stern, 1985; Tronick, 1998 等）、変容研究（W. R. Miller & C'de Baca, 2001; Stern et al., 1998 等）といった統合的な分野における新しい発展から知見を得ている。

バーバラ・フレドリクソン（Fredrickson, 2001, 2009）はポジティブ感情の適応的な価値とポジティブ感情の拡張-形成理論に関するパラダイム・シフトを生み出した。彼女は共同研究者とともにレジリエンス、上昇スパイラル、フラリッシング（flourishing：心理的繁栄）など、AEDPやAEDPスーパービジョンではよく遭遇するが、あまり一般的ではない現象に関する重要な実証研究を行った（Fredrickson & Losada, 2005; Tugade & Fredrickson, 2004）。フレドリクソンは、思考-行動のレパートリーを拡大するポジティブ感情は認知の拡張を引き起こすことが多いと指摘した。拡張-形成モデルは、ポジティブな情動や体験が優先される環境の中で、学習がどのように起こるかについて説得力ある説明を提供している。ポジティブな情動は焦点を当てて促進されると、AEDPのメタプロセシングの実践で見られるように、思考-行動レパートリーを拡大し、ポジティブな癒やしと成長、新しい意味や理解の創造という上昇スパイラルを

引き起こす（Fosha, 2009a, 2013c; Fredrickson, 2001; Tronick, 2009）。フレドリクソンの研究全体が、AEDP のセラピーとスーパービジョンのパラダイムの非常に重要な側面をなしており、AEDP スーパービジョンの変容喚起メカニズムに対する強力な理論的・実証的な基盤を提供している。

AEDPスーパービジョンにおけるアカウンタビリティとビデオの活用 ── アセスメント、自己アセスメント、即時的なフィードバック

ワトキンス（Watkins, 2012; Watkins & Milne, 2014）はスーパービジョンにおいてアカウンタビリティをもつことや、アセスメントを行うこと、スーパーバイジーが自己アセスメントを行うこと、そして即時的なフィードバックを得ることが効果的な学習のために重要だということを強調している。AEDP では、スーパーバイジーの自己報告ではなく、実際のセッション動画を用いてスーパービジョンを行うことで、正確なアセスメントや自己アセスメントを可能にしている。セッションビデオを見直すことで、即時的なフィードバックや、スーパーバイジーとクライエントの実際の言語・非言語行動に触れることができ、正確で的を絞ったスーパービジョン介入が可能になる（Goodyear & Nelson, 1997）。効果研究によると、クライエントにフィードバックを求め、それに適切に応答することが、クライエントの効果の改善とセラピストの成長に有意に寄与することが示されている（Anker, Duncan, & Sparks, 2009; Duncan, 2010; Duncan, Solovey, & Rusk, 1992）。録画されたビデオは、事実上、セラピストに対する直接のフィードバックとなっている。そしてそのフィードバックは、スーパービジョン・セッションで解読され、解釈され、詳しく説明される。そうしたフィードバックは、AEDP スーパービジョンの中で一緒に作り出された安全さに守られ支えられている。

やる気のあるスーパーバイジーにとって、セッションの中に特定の場面を探し求め、セッションの録画を見直してスーパービジョンに備えることや、おそらく何度も繰り返してそうすることは、限界学習（deliberate practice）に相当し、S・D・ミラー、ハブルとダンカン（Miller, Hubble & Duncan, 2007）は、これを

その人の現在の熟練度のレベルをほんの少し超えた具体的な目標に到達するように取り組むことと定義している。スーパービジョン・セッション前後に振り返れるようにビデオ録画をすることで、動機の高い人たちの限界学習を可能にする。

スーパービジョンにおける共通要因

　臨床スーパービジョンに関する実証研究のほとんどに方法論的な批判があるが、それでもスーパーバイジーとスーパーバイザーの関係がスーパービジョンの最も重要な変数であることは明確である（Angus & Kagan, 2007; Budge & Wampold, 2015; Ellis & Ladany, 1997; Watkins, 2012; Watkins & Milne, 2014; Watkins et al., 2015）。実証的支持を受ける心理治療の基準によると、共感、目標の合意、協働そして作業同盟の効果は十分に示されている（Norcross & Wampold, 2011）。この変数と心理療法効果の間に正の関係があることが示されていることから、私たちはこの点を心理療法のスーパービジョンに広げ、共感、目標の合意、そして協働といったこれらの側面が、訓練生の自己報告におけるAEDPスーパービジョンを非常に説得力のあるものにしていると仮説を立てている。さらにAEDP-FSをスーパーバイザーのツールとして使うと、目標の合意に合致させるスーパーバイザーとスーパーバイジーの能力を高められる。

　AEDPには、対人関係がどのように変化の媒体となるかという、一貫した理論主導の理解（Milne et al., 2008）がある。この対人関係への理解が、質が高いとみなされるに足る特有のスーパービジョン介入につながる（Falender & Shafranske, 2004, 2017）。取り組む課題が、葛藤の解決やフィードバックの提供、混乱の修復、あるいは自己開示であろうと、AEDPのスーパーバイザーはスーパーバイジーの臨床能力を高めるために作業しながら、スーパーバイジーの孤独感を打ち消し、二者関係の感情調整の助けとなるよう努める。

　治療関係に基づく変容理論と併せて、AEDPでは効果的なスーパービジョンに見られるその他の共通要因であるスーパービジョンでの即時性、スーパービ

ジョン関係の中での自己開示、スーパーバイザーとスーパーバイジーとの間の葛藤を扱うことなども実践している。治療的関係についてセッション内でプロセスする治療的即時性を特徴とする現象は、セラピーのポジティブな結果に非常に大きく寄与することが研究で示されている（Hill, 2004; Mayotte-Blum et al., 2012）。ヒル（Hill, 2009）やヒルとノックス（Hill & Knox, 2009）は、このような治療的なやりとりの利点は明らかであると結論づけており、クライエントが対人関係のフィードバックを受けて、治療関係の亀裂を解決または修復することができるようになり、それによってクライエントはセラピーの外の人間関係のパターンも変えることができるようになるとする。さらに近年になって、ヒル（Hill, 2004）による治療的即時性の定義は、治療関係の二者関係の側面を捉えたものに拡張された（Iwakabe & Conceiçäo, 2016; Kuutmann & Hilsenroth, 2012; Mayotte-Blum et al., 2012）。これにより、治療的即時性はさらに多様な現象を含むようになった。たとえばクライエントやセラピストが面接中に互いに対して感じた感情的反応を伝えること、クライエントに、セラピーやセラピストに対して感じたことを尋ねること、セラピストがクライエントやセラピーについて感じたことを自己開示すること、セラピストがクライエントの気持ちを肯定・認証すること、セラピストがセラピー関係とセラピー外の重要な他者との関係の間にある類似点を探索してみるように伝えることである（Mayotte-Blum et al., 2012）。AEDPのメタセラピューティック・プロセシングは、治療的即時性の分類の1つで「たった今完了したばかりのうまくいった治療的作業を、セラピストとクライエントの両者が振り返りプロセスする」（Iwakabe & Conceiçäo, 2016, p. 5）ことだとされる。これらはすべてAEDPがもつ、明確に理論化されている側面である。

スーパービジョンの即時性

これまでの一連の心理療法研究に当てはめて、私たちは治療的即時性の概念とその構成要素を、スーパービジョンの即時性という構成概念を導入することによって臨床スーパービジョンの領域に広げている。この構成概念は、他の章

でも説明したように、系統的に明示された AEDP の理論の側面としてのさまざまな現象を含む。これにはたとえば、スーパーバイジーとスーパーバイザーが、互いに対して覚えた感情反応や、セッションをしているクライエントに対して面接中に覚えた感情的な反応を表すこと、スーパービジョンやスーパーバイザーに対するスーパーバイジーの反応についてスーパーバイザーが尋ねること、セラピストがクライエントやセラピーに感じた気持ちを開示すること、スーパーバイザーがスーパーバイジーの臨床観を肯定・認証すること、スーパーバイジーがスーパービジョンをどう体験していて、スーパーバイザーの介入がスーパーバイジーの心にどのように触れたか探索するように促すことなどが含まれる。

スーパービジョンの即時性の重要な側面としての自己開示

　スーパーバイザーは、モデルとして自ら自己開示することで、スーパーバイジーの開示を励まし、信頼と感情的つながりを築いていく。ラダニーとウォーカー（Ladany & Walker, 2003）は、スーパービジョンでの自己開示は、相手に信頼を伝えることになるため、スーパービジョンの作業同盟の構成要素の中の［訳注：作業同盟には3つの構成要素がある］感情的絆の要素に直接影響を与えることを示した。スーパーバイザーによる開示がモデルとなって、スーパーバイジーに自己開示を促す可能性もあるのだ。

　ラダニー、ヒル、コルベットとナット（Ladany, Hill, Corbett & Nutt, 1996）、ユアマンとファーバー（Yourman & Farber, 1996）は、スーパーバイジーは、不愉快な体験をスーパーバイザーに開示しない割合が高いという研究知見を示している。完全に失敗を予防することなどないとはいえ、AEDP スーパービジョンのいくつかの具体的な側面は、この意味で注目すべきである。スーパーバイザーが自己開示を適切に行うモデルを示すことで、スーパーバイジーも同じように自己開示を行う安全性が生まれる。さらに体験を瞬時ごとにたどることに集中することで、スーパーバイジーの不快感や警戒感、繕っている感覚（inauthenticity）にスーパーバイジーとスーパーバイザーの両方が気づきやすくなる。

スーパーバイジーがよそよそしさや引いたような態度を見せたり、スーパーバイザーを喜ばせようとしていることに気がついたら、スーパーバイザーはスーパーバイジーに対して、内面に何か違和感がないか探索してみるように伝え、嫌でなければ感じた困難や不快感をスーパーバイザーにオープンに共有してもらえないか誘ってみる。そしてスーパーバイジーがそうした気持ちをオープンに伝えてくれたら必ず、スーパーバイザーはスーパーバイジーの勇気や正直さを肯定する。

スーパーバイザーとスーパーバイジーの間の葛藤が明確に扱われ、体験的に探索され、メタプロセスされるということ

　モスコウィッツとルパート（Moskowitz & Rupert, 1983）は、研究参加者の38％がスーパーバイザーとの間に大きな葛藤を体験したと報告していたことをふまえ、葛藤に対処するためにスーパーバイザーが行っていることを明らかにした。158名の参加者のうち86％が、スーパーバイザーが葛藤の状況を明らかにして解消のための話し合いを始めることを強く望むと答えていた。AEDPではスーパーバイザーがどのように人間関係を築くかは、アタッチメント理論に対する深い理解から導き出される。つまり年上で賢いと思われる人、この場合はAEDPのスーパーバイザーが、潜在的な葛藤に率先して対処する責任がある。AEDPスーパービジョンにおいてアタッチメント対象として存在するスーパーバイザーは、スーパーバイジーの後ろをついていくこともあれば、リードすることもある。プロセスがうまく進んでいるときはスーパーバイジーについていき、何か問題があるときはスーパーバイジーをリードする。AEDPでは先ほど述べた86％の人と同様、スーパーバイザーのほうが難しい話し合いを始めるべきだと考えている（Kaufman, 1996 も参照）。アタッチメント対象の側がリードしていくと、より傷つきやすい相手の恥が軽減する。

　興味深いことに、上記の研究（Moskowitz & Rupert, 1983）において、多くの訓練生がスーパーバイザーに不満を言ったり葛藤について話し合おうとしたりネガティブなフィードバックを伝えようとすると、スーパーバイザーが対立的、

防衛的、非難的になったり、あからさまに怒りを露わにしたりしたと報告している。スーパーバイジーからのネガティブなフィードバックに対して、スーパーバイザーが防衛的ではない反応をすることは大切である。AEDP では、スーパーバイザーは防衛的でない反応をするように努めるだけではなく、「私といて安全だと感じられないことを私に伝えるのは、とても勇気がいることだったでしょう。直接伝えてくれたことにとても感謝しています」というようにスーパーバイジーのそのような行動を肯定、受容、感謝で迎えるように努める。落ち着きと理解をもってこのような題材に向き合うことで、スーパービジョン関係における葛藤をオープンにするだけでなく、そうしたことを安全な状況下で行えるようにすることを AEDP は目指している。

卓越さへの道としての AEDP スーパービジョン

S・D・ミラーら（S. D. Miller et al., 2007）は、スーパーシュリンク［super-shrinks：卓越したセラピスト］、つまりクライエント成果の正規分布上で上位 25％にあるセラピストと、それ以外のセラピストの違いを調査することに興味をもった。意外なことに、この研究によって特定されたのは並外れた個人ではなく、並外れた実践だった。卓越したセラピストが「クライエントの関わり方の変化に絶妙に波長を合わせている」（同上, p. 43）ことを見出したS・D・ミラーらは、さらに限界学習の鍵となる3つの重要な要素を同定した。

1. 自身の実効性のベースライン決める。卓越したセラピストは自分が行っていることを正確に自己評価し、自分ができることを意識し、正確に把握している。
2. フィードバックを得る。卓越したセラピストは他者を頼りにし情報を得て、協力して卓越性の循環を生み出す。
3. 卓越したセラピストは限界学習、「自分の習熟度をわずかに超えた目標に到達するために特別に費やす時間」に取り組んでいる。（同上, 2007, p. 41）

この研究を知って私たちは大いに勇気づけられた。なぜなら、AEDPの臨床スーパービジョンやAEDPのモデル全体の標準的な実践に対する強い裏づけを与えてくれたからである。この研究結果は、AEDPで標準的に行っている実践によって、AEDPの訓練生が卓越したセラピストになれることを示している。クライエントの関わり方の変化にぴったりと波長を合わせること、すなわち私たちが瞬時ごとのトラッキングと呼ぶものは、AEDPセラピーとスーパービジョンの特徴でその基礎をなすものであり、私たちが意識的に教えていることである。またAEDPスーパービジョンと訓練にビデオを活用することで、正確な波長合わせを、望んでも到達できないような能力ではなく、現実的で達成可能なゴールにすることができる。その一方で、スーパービジョンにおけるAEDP-FSの活用はその人のベースラインを割り出す客観的な手法となる。

　フィードバックを得ることは、瞬時ごとのトラッキングとメタプロセシングが目指す重要な目標である。限界学習はAEDPスーパービジョンの標準的な方法論の要点である。スーパービジョンの準備をするプロセスだけでも、録画ビデオを準備し、スーパービジョンで提示する場面を選ぶためにそれを複数回見直すことが必要となる。そしてスーパービジョンの中で、スーパーバイザーとスーパーバイジーは録画をもう一度一緒に見るし、スーパービジョン・プロセスをふまえて動画をさらに見直すこともできる。

変容を喚起するスーパービジョン

　治療法としてのAEDPに関する研究は始まったばかりであり、AEDPセラピーとスーパービジョンにおけるプロセスと効果を調べるためにすべきことはまだたくさんある。

効果

　これまでに、AEDPの実証研究では、フレデリックの研究（Frederick, 2009）に基づく修正版セルフ・ヘルプ・プロトコルで、うつと不安の症状の軽減への

AEDP の有効性を示した（Johansson, Björklund, Hornborg et al., 2013; Johansson, Frederick, & Andersson, 2013; Johansson, Hesser, Ljótsson, Frederick, & Andersson, 2012; Lilliengren, Johansson, Lindqvist, Mechler, & Andersson, 2016）。また AEDP はセラピー終結後も長く続く性格上の変化をもたらすことを示した（Piliero, 2004）。さらにクライエントは体験的なセラピーを体験的ではないセラピーより好むことも示された。治療効果を比較するよう聞かれた人のうち 66% 近くが感情に焦点を当てた体験療法は、以前に受けたセラピーよりも著しく優れていたと回答した（Piliero, 2004）。本書を執筆中の時点で（2016）、AEDP セラピーの効果検証のための大規模な効果研究が進行中である［訳注：Iwakabe et al., 2020, Iwakabe et al., 2022 で刊行されている］。効果尺度とプロセス尺度が含まれ、各セラピー・セッションはビデオ録画され、研究チームによって分析されている。

変容のメカニズム

シェトル（Schoettle, 2009）は、クライエントが困難な感情体験を扱うのを手助けした AEDP セラピストの体験に関する探索的研究の中で、セラピストの主観的体験がクライエントの主観的体験と一致し、ステイトごとにそれを反映していることを見出した。この研究は AEDP における、右脳対右脳のコミュニケーションや、共鳴プロセスの力を実証するものであった。岩壁とコンセイサオ（Iwakabe & Conceição, 2015）は方法論的に厳密な課題分析研究を行い、クライエントとセラピストのメタプロセシング体験プロセスの構成要素を同定した。リー（Lee, 2015）は、彼らの研究とは異なる複数の純金サンプルを用いてメタセラピューティック・プロセシングの例を分析し、岩壁とコンセイサオの研究を追試した。両研究はメタプロセシング中のクライエントの感情体験の重要な側面に、活気が生まれることを特定した。

AEDP 訓練とスーパービジョンに関しては、上記 3 つの実証研究が完了しており、さらに多くのプロジェクトが進行中である。

AEDP訓練の効果

　フェアシュタインとレヴェンソン（Faerstein & Levenson, 2016）は、セラピストのAEDP介入忠実度に関する自己報告式尺度の尺度特性を調べ、この尺度を用いてAEDPトレーニング、この場合はAEDPイマージョン・コース［訳注：AEDP研究所で行う初心者向けの短期集中型コース］の効果を評価する研究を行った。レヴェンソンとフォーシャ、AEDPセラピストは3段階プロセスを用いてAEDP-FSを開発した（http://www.aedpinstitute.org/wp-content/uploads/2014/01/AEDP-Fidelity-Scale-Self-Report.pdf）。まず、レヴェンソンとフォーシャ、そしてAEDP研究所教員グループが、AEDPの実践に重要だと考えるセラピストの行動をリストアップした。いくつかの改良の後、フォーシャは過去にAEDPイマージョン・コースに参加したセラピストに（メーリングリストを通して）「AEDPをAEDPたらしめているもの」を説明するように頼んだ。そしてレヴェンソンとフォーシャ、AEDPの教員は生成された項目から最も本質的な項目を選んだ。選ばれた22項目は特定のAEDPの介入や一般的なセラピストの行動を表している。各項目は知識とコンピテンスに対して別々に自己評価される。

　アメリカ東海岸と西海岸の両方で開催された4回のイマージョン・コース（5日間）のいずれかに参加した約250人のセラピストが、トレーニング前後にAEDP-FSに回答した。加えて13人のAEDPのファカルティからも回答を得た。結果は非常に良好であった。イマージョン・コースを受講したことで、AEDPの原則と実践に関する知識とそれを実践するコンピテンスに関する感覚が顕著に向上していることが明らかになった。またAEDPの教員は、トレーニング参加者より有意に高いAEDP-FS得点を示した。さらにAEDP経験のある参加者はAEDP経験の少ない参加者より、トレーニング参加前の得点において有意に高い得点を示した。AEDP-FSの項目を分析したところ、AEDP理論や基本的理解に対応する3つの強力な要因が現れた。要因の強さと重要性の順にその3つを見ていくと、変容要因、体験・身体的要因、AEDPの治療的スタンス（肯定や喜び、安全なアタッチメントをともにつくることの重視）であった。研究結果は、AEDP-FSをAEDPの介入の重要な本質を説明し、AEDPセラピ

ストを訓練するためのツールとして使うことを支持する内容だった。

AEDP訓練中のセラピストの体験に関する質的研究

　岩壁とコンセイサオ（Iwakabe & Conceição, 2016）はセラピストがAEDPの訓練を始めた動機と、彼らが行った訓練や成長と変容プロセスについて調べた。研究では、臨床経験年数が異なり、AEDPの訓練経験も異なる18人のセラピストに詳細な半構造化インタビューを行った。インタビュー中の質問の1つである、「AEDPに基づくスタンスでセラピーを行うことで、セラピスト自身はどのような影響を受けるか」という問いに対するグラウンデッド・セオリー分析から、主たるクラスターとして「自己の変容」が同定された。これはセラピストの自己体験に直接関わる体験的な性質の変化に関連している。これは3つのカテゴリー、プレゼンス（presence：現前性）、つながりを共有したいという意志、そして活力・エネルギー・フローからなっていた。

　この研究結果が示した興味深い点として、通常初心者から経験豊富な専門家への移行はロンネスタットとスコフォルト（Rønnestad & Skovholt, 2003）の専門能力発達の6段階モデルで示されるように、10年から15年の経験を要するとされることが多いが、AEDPの訓練を受けたセラピストでは、その移行がキャリアのより早い段階で起こりうることが挙げられる。ふつうはキャリア後期に属する特徴（たとえば、自分のパーソナリティや世界観、対人関係スタイルと一致した個性的な臨床スタイルを発展させること、クライエントを信頼すること、変容の媒体としての治療関係を大切にすること、より高い水準の感情的関わりとオープンさを達成すること、仕事に対する満足度を高めること）が18名とのインタビューのグラウンデッド・セオリー分析から浮上してきた。岩壁とコンセイサオによると、AEDPでは訓練生やスーパーバイジーは年齢や経験にかかわらず、これらを最初から明確に意識して訓練されているようであった。研究に参加したセラピストが特に価値があったと述べた点には、ロールプレイを数多く行うことやビデオを用いてトラッキングすることによる体験的な曝露、傷つきやすさや自分自身の傷をなだめることを許す安全感のある集団力動、心が痛む失敗の瞬間を、

熟達に向かう喜ばしい瞬間としてプロセスできること、そして学習者の自己が受容され肯定されることが語られた。またスーパービジョンに関しては、参加者は、AEDP の体験的で肯定的なスタンスと、特定の具体的な題材を支えるためのビデオの活用に言及した。

AEDP スーパービジョンにおける変容プロセスの質的実証研究

　スーパービジョンの領域で質的プロセス研究を行うために、コンセイサオ、岩壁、エドリンら（Conceição, Iwakabe & Edlin et al., 2016）は、AEDP のスーパービジョン・プロセスによって促進された変容プロセスを捉える長期事例研究を行った。同じスーパーバイジーとスーパーバイザーの組み合わせで行われた 24 回のスーパービジョン・コンサルテーション（8 人のクライエントそれぞれ 3 セッション）の録音が逐語化され、グラウンデッド・セオリー法に従って分析された。最も重要なカテゴリーの 1 つである、セラピストの行っていることを言葉にすることは、AEDP モデル自体の中核的な特徴である体験的・関係的目的の両方に資すると思われる。AEDP に特徴的な他のカテゴリーとしては、肯定や熱意、喜びと認証や、プレッシャーを取り除いて話し合うこと、体験を促進すること、メタプロセシングすること、嬉しい気持ちや傷つきやすさを共有すること、がある。

結論

　スーパービジョン・プロセスの研究はまだ始まったばかりであり、AEDP におけるスーパービジョン・プロセスに関する研究もまだ初期段階である。しかし AEDP スーパービジョンの発展が正しい道を進んでいることを示す強い兆しはある。AEDP のスーパービジョンは関係的で体験的で、変容的な介入方法をもつが、それこそスーパービジョンが効果的なだけでなく、変容的であるために必要だからである。

　この本を終えるにあたって、読者のあなたに少しの間だけスローダウンして、

これまでの 7 章で私たちが一緒に体験してきたことすべてを振り返ってみてほしい。この本は小説ではなく入門書を意図したものなので、役に立つと感じた項を何度も読み直しながら、スキルや知識、変容的スーパービジョンのもつ力を吸収し、AEDP の魔法の構造を骨の髄まで染みわたらせてほしい……というより、あなたの手続き記憶に取り入れてほしい！

謝辞

　まずは著者ふたりからの謝辞をハンナ・レヴェンソンに伝えたい。ハンナに出会い、AEDP介入忠実性尺度（AEDP Fidelity Scale）を一緒に開発したこと、同じ志を胸にし、知性あふれる彼女と知り合い、AEDPをともに高めていくことは、とても刺激的で私たちの活動を大いに振興してくれた。ハンナからの招きで、スーパービジョンに関する画期的なAPAシリーズに参加できたことはとても嬉しく、また光栄に思っている。彼女の厳密さや正確さ、さりげない優しさから、著者である私たちは多くを学び、また助けられてきた。AEDPスーパービジョンについてまとめた本書と付属DVD制作の段階を通じて、ハンナはいつも隣にいて、私たちを導いてくれた。心から感謝している。

　マイケル・グラヴィンは大変な本プロジェクトの作業に果敢に飛び込み、スーパーバイジーとして、この上ない熱意や能力、そしてやる気を見せてくれた。彼はすでに実力あるセラピストだが、無防備に自分をさらけだして学ぶ姿を見せるという、大きなリスクテイキングをしてくれた。彼の姿から、AEDPでは何をどのように教え、成長していくのか学ぶ機会が得られた。さらにその様子はすべて録画されているのだ！　マイケルに心から称賛を送りたい。

　AEDP研究所の教員ほど、才能豊かで寛大な臨床家で同僚のグループはないだろう。本書のページを読み進めると、AEDPの教員や、数えきれないほどのペアやグループの間で交わされた、目を見開かれるような豊かなやりとりが響

き合い、広がっていくのが聞こえてくるだろう。AEDPのスーパービジョンのモデルへの教員たちの貢献はこの謝辞だけではとうてい言い尽くせない。

著者である私たちはまた、イマージョン・コースやエッセンシャル・スキルズ・コースにボランティア参加してくれた演習アシスタント全員に感謝の言葉を伝えたい。皆、自分の時間と心をささげて、AEDPのトレーニング内容向上に尽力してくれた。演習アシスタントたちがAEDPやAEDPのトレーニングがもつ力に、強い信頼とコミットメントをもってくれたことで、数多くのトレーニング参加者の変容が促進された。演習アシスタントなしでは、体験的で力動的なセラピーを教えることはできなかっただろう。

多くの人が本書の一部や全部を読んでくれた。ナターシャ・プレンは、ジュディ・ラビノア、ジェシカ・ステイタス、モリー・モルガン、ジャン・ボウマン、そして夫であるステリオス・ヴァシラキスに感謝を述べたい。娘のエマ・プレン－ヴァシラキスは、本書を読み、校正作業や質問を通じて大きく内容を向上させてくれた。ダイアナ・フォーシャはカレン・クランツとヒラリー・ジェイコブス・ヘンデルに感謝を伝えたい。ふたりは、本質的なことをより短い言葉や文章で伝える手助けをしてくれた。

ナターシャ・プレンは、日々支えてくれる友人のリサ・ルピナッチ、エイミー・オスターガード、マギー＆グレッグ・シュウェッド、ヒラリー・ジェイコブス・ヘンデルにも感謝を表したい。

そして特別な感謝をヴィクトール・コーエンに届けたい。彼はAEDPの図を作成してくれただけでなく、常にユーモアをもちAEDPにおける真の他者の存在だった。彼はいつも言ってくれた。「気軽に連絡してね。電話一本してくれたら必ずいるから！」

ダイアナ・フォーシャは最大の謝辞を共著者のナターシャ・プレンに伝えたい。AEDPの理論と実践を実際に教え、実行可能にすることに対する、彼女のあくなき情熱こそが本書の魂と精神の中心にある。ダイアナはまた、自身のかつてのスーパーバイザーたちにも謝辞を表す。過去のスーパーバイザーたちはスーパービジョンの中で、何をすることが大切か、また何をしないことが大切

かについて、多くのことを教えてくれた。ダイアナは今もその両方の学びに忠実でありたいと思っている。

あとがき

　本書は、AEDPのスーパービジョンに特化した貴重な資料である。2017年のアメリカでの初版発行から数年が経ち、その間にAEDPは大きな進化を遂げている。理論と実践の進化は、*Undoing Aloneness and the Transformation of Suffering Into Flourishing: AEDP 2.0*（2021）の出版をもって、孤独の解消と苦痛の変容、そしてフラーリッシング（繁栄）に対する理解がさらに深まり、臨床技術が洗練された。

　本書の翻訳版の日本での重要性は、AEDPがどのように受け入れられ、普及してきたかを考慮すると理解されるだろう。ダイアナ・フォーシャ博士による基本的なテキストの翻訳が2017年に出版されて以降、日本語での書き下ろし『あなたのカウンセリングがみるみる変わる！ 感情を癒す実践メソッド』（拙書）や一般向けの翻訳書『感情を癒やし、あなたらしく生きる4つのステップ　気づく・鎮める・感じきる・心を開く』（ロン・フレドリック著）といった読みやすい日本語書籍が読者に提供され、AEDPの理論と実践の深化が進んできた。このように、継続的な書籍の提供によって、日本国内でAEDPを学ぶセラピストの質が向上し、数が多くなり、またAEDP研究所認定の日本人スーパーバイザーが3人に増えたことで、国内でのAEDP実践の質の向上と普及に大きく寄与してきたと考えられる。

　ダイアナ先生とマイケル・グラヴィンのセッションを含む逐語録は、読者に実

践的なスーパービジョンの生の体験を提供し、セラピストとしての深い洞察と共感的な関わりを示す。ふたりの対話からは、AEDP の臨床スキルだけではなく、治療者としての人間的な成長に対する洞察が示され、読者に新たな学びの機会を提供しているだろう。セッションの中でマイケルが「ここでどうしたらいいかわからない」と自分の不安を打ち明ける際に示されたダイアナ先生の共感的な対応は、AEDP スーパービジョンにおける人間関係の重要性を明示しており、特にスーパーバイザーとスーパーバイジー間の信頼関係の構築における示唆に富んでいるだろう。

　さらに本書には、AEDP の理論的枠組みと臨床技術についての洞察が豊富に記述されており、セラピストが臨床現場で直面する多様な課題に対して、実用的かつ感情に訴えかける方法論を提供している。AEDP スーパービジョンの核となるのは、スーパーバイザーとスーパーバイジーの間の感情的なつながりであり、これがスーパーバイジーの変容的な治療関係の構築を助ける。本書では、孤独感を打ち消し、温かな安全性の高い関係を細やかに作っていく中で、スーパーバイジーの感情や身体感覚、関係性体験が変容していく場面が多数描かれている。スーパービジョンの変容プロセスで勇気やサポート、理解を深めたスーパーバイジーであるセラピストは、その変容を自分の治療場面に持っていくことができる。つまり、AEDP スーパービジョンのアプローチがセラピストの自己とクライエントの両方の成長を支援するための理論と実践を提供していると言えるだろう。

　筆者の AEDP スーパーバイジーとしての体験も少しシェアさせていただきたい。大学院生だった頃に AEDP のスーパービジョンを受け始めたときのことを思い出す。自分のセッションをビデオに録画してスーパーバイザーに見せるのは非常に緊張する作業だった。スーパーバイザーはダイアナ先生であり、グループ・スーパービジョンではクラスメイトたちがいる前でセッションを見せる必要があった。初めは少しでも良い箇所を見せようと録画を見直す毎日だったが、ダイアナ先生からもグループメンバーからもポジティブなフィードバックが返ってくるうちに、難しい場面を見せる勇気が湧いてきた。グルー

プ・スーパービジョンが実際のクライエントとのセッションにおいて、自分の中で確かな安全基地となり、それまで感じていた不安から解放された質の高いセッションへと変わっていったことを強く感じている。その変化は、AEDPのグループ・スーパービジョンのサポートがもたらしたものであり、それがクライエントとの関係におけるポジティブな変化へとつながっていくのを実感することができた。本書でも書かれている「ポジティブを選ぶ」のプリンシプルがどれだけスーパーバイジーを支え、成長させてくれるかの体験だったように思う。

　最後に、この本の編集に携わり、長期にわたって辛抱強くサポートしてくれた平井史乃さん、共同翻訳者である岩壁茂先生と山﨑和佳子さんに心から感謝を表したい。この素晴らしいチームの努力により、本書は日本の読者に届けられ、AEDPの実践がより広く深く理解される基盤を築くことができた。平井さんの諦めないマラソンランナーのような姿勢に長丁場の翻訳・監訳作業の中で助けられてきた。また共監訳者である岩壁先生は経験豊富な監訳者であり、AEDP研究の第一人者でもあり、その2つのリソースを本書にふんだんに注ぎ込んでくださった。山﨑さんは下訳をまとめ上げ、整理し、気の遠くなる作業を一歩一歩確実に進めてくださった。彼女の粘り強さと聡明さがなければ、本書が日の目を見るまでまたさらに時間がかかってしまったことだろう。また、本書の下訳を担当してくださったお茶の水女子大学の木村友馨さん、河野恵花さん、中村香理さん、野田亜由美さん、向井瑛理さんは、一番最初の英語を日本語に起こすメンタルな力仕事をしてくださった。改めてチームの皆さんに心から感謝申し上げる。

　ニューヨークの自宅から本書を手に取ってくださったあなたに感謝を込めて。

花川ゆう子

監訳者・AEDP研究所シニア・ファカルティ／認定スーパーバイザー

文献

Alpert, M. C. (1992). Accelerated empathic therapy: A new short-term dynamic psychotherapy. *International Journal of Short-Term Psychotherapy, 7,* 133-156.

American Psychological Association. (2010). *Ethical principles of psychologists and code of conduct (2002, Amended June 1, 2010).* Retrieved from http:// www.apa.org/ethics/code/index.aspx

Angus, L., & Kagan, F. (2007). Empathic relational bonds and personal agency in psychotherapy: Implications for psychotherapy supervision, practice, and research. *Psychotherapy: Theory, Research, Practice, Training, 44,* 371-377. http://dx.doi.org/10.1037/0033-3204.44.4.371

Anker, M. G., Duncan, B. L., & Sparks, J. A. (2009). Using client feedback to improve couple therapy outcomes: A randomized clinical trial in a naturalistic setting. *Journal of Consulting and Clinical Psychology, 77,* 693-704. http://dx.doi.org/10.1037/a0016062

Badenoch, B. (2008). *Being a brain-wise therapist: A practical guide to interpersonal neurobiology.* New York, NY: Norton.

Beebe, B., & Lachmann, F. M. (1988). The contribution of mother-infant mutual influence to the origins of self and object representations. *Psychoanalytic Psychology, 5,* 305-337.

Beebe, B., & Lachmann, F. M. (1994). Representation and internalization in infancy: Three principles of salience. *Psychoanalytic Psychology, 11,* 127-165. http://dx.doi.org/10.1037/h0079530

Binder, J. L. (1993). Is it time to improve psychotherapy training? *Clinical Psychology Review, 13,* 301-318. http://dx.doi.org/10.1016/0272-7358(93)90015-E

Bollas, C. (1987). *The shadow of the object: Psychoanalysis of the unthought known.* New York, NY: Columbia University Press. 舘直彦監訳（2009）『対象の影──対象関係論の最前線』岩崎学術出版社

Bowlby. J. (1982). *Attachment and loss: Vol. I. Attachment* (2nd ed.). New York, NY: Basic Books. 黒田実郎・大羽 蓁・岡田洋子・黒田聖一訳（1991）『母子関係の理論　I 愛着行動』岩崎学術出版社

Bowlby, J. (1988). *A secure base: Parent-child attachment and healthy human development.* New York, NY: Basic Books. 二木武監訳、庄司順一他訳（1993）『母と子のアタッチメント──心の安全基地』医歯薬出版

Bowlby, J. (1991). Postscript. In C. M. Parkes, J. Stevenson-Hinde, & P. Marris (Eds.), *Attachment across the life cycle* (pp. 293-297). London, England: Routledge.

Bromberg, P. M. (1998). *Standing in the spaces: Essays on clinical process, trauma, and dissociation.* Mahwah, NJ: Analytic Press.

Bromberg, P. M. (2006). *Awakening the dreamer: Clinical journeys.* Mahwah, NJ: Analytic Press.

Bromberg, P. M. (2011). *The shadow of the tsunami and the growth of the relational mind.* New York, NY: Routledge.

Budge, S. L., & Wampold, B. E. (2015). The relationship: How it works. In O. C. G. Gelo, A. Pritz, & B. Rieken (Eds.), *Psychotherapy research: Foun-dations, process, and outcomes* (pp. 213-228). Dordrecht, The Netherlands: Springer.

Carifio, M. S., & Hess, A. K. (1987). Who is the ideal supervisor? *Professional Psychology: Research and Practice, 18,* 244-250. http://dx.doi.org/10.1037/0735-7028.18.3.244

Carter, C. S. (1998). Neuroendocrine perspectives on social attachment and love. *Psychoneuroendocrinology, 23,* 779-818. http://dx.doi.org/10.1016/S0306-4530(98)00055-9

Carter, C. S., & Porges, S. W. (2012). The biochemistry of love: An oxytocin hypothesis. *European Molecular Biology Organization Reports, 14,* 12-16. http://dx.doi.org/10.1038/embor.2012.191

Clausen, W. V. (Ed.). (1992). *Quis cutodiet ipsos custodies?* [Who will guard the guards?] (rev. ed.). London, England: Oxford University Press.

Conceição, N., Iwakabe, S., Edlin, J., Vaz-Velho, C., Rodrigues, C., & Gleiser, K. (2016, June 7). Supervising an integrative therapist into yet another approach: A case study on change processes of supervision facilitating assimilative integration [Webinar]. Presented at AEDP Faculty Hour Online.

Conceição, N., Rodrigues, C., Silva, A. I., Luz, C., Iwakabe, S., & Gleiser, K. (2016, June). *Supervising an integrative therapist into a specific approach: A case study on supervision of AEDP principles.* Paper presented at the 32nd International Conference of the Society for the Exploration of Psychotherapy Integration, Dublin, Ireland.

Damasio, A. R. (2010). *Self comes to mind: Constructing the conscious brain.* New York, NY: Pantheon Books. 山形浩生訳（2013）『自己が心にやってくる』早川書房

Darwin, C. (1965). *The expression of emotion in man and animals.* Chicago, IL: University of Chicago Press. (Original work published 1872)

Davanloo, H. (1990). *Unlocking the unconscious: Selected papers of Habib Davanloo.* New York, NY: Wiley.

Davanloo, H. (1995). Intensive short-term dynamic psychotherapy: Spectrum of psychoneurotic disorders. *International Journal of Short-Term Psychotherapy, 10*, 121-155.

Davanloo, H. (2000). *Intensive short-term dynamic psychotherapy: Selected papers of Habib Davanloo, MD.* Chichester, England: Wiley.

DeCastro, R., Griffith, K. A., Ubel, P. A., Stewart, A., & Reshma, J. (2014). Mentoring and the career satisfaction of male and female academic medical faculty. *Academic Medicine, 89*, 301-311.

Della Selva, P. C. (1996). *Intensive short-term dynamic psychotherapy.* New York, NY: Wiley.

Doidge, N. (2007). *The brain that changes itself: Stories of personal triumph from the frontiers of brain science.* New York, NY: Penguin Books. 竹迫仁子訳（2008）『脳は奇跡を起こす』講談社インターナショナル

Duncan, B. L. (2010). *On becoming a better therapist*. Washington, DC: American Psychological Association. http://dx.doi.org/10.1037/12080-000

Duncan, B. L., Solovey, A. D., & Rusk, G. S. (1992). *Changing the rules: A client-directed approach to therapy*. New York, NY: Guilford Press.

Ecker, B., Ticic, R., & Hulley, L. (2012). *Unlocking the emotional brain: Eliminating symptoms at their roots using memory reconsolidation*. New York, NY: Routledge.

Ekman, P. (1984). Expression and the nature of emotion. In K. R. Scherer & P. Ekman (Eds.), *Approaches to emotion* (pp. 319-343). Hillsdale, NJ: Erlbaum.

Ekman, P., Levenson, R. W., & Friesen, W. V. (1983). Autonomic nervous system activity distinguishes among emotions. *Science, 221*, 1208-1210. http://dx.doi.org/10.1126/science.6612338

Ellis, M. V., & Ladany, N. (1997). Inferences concerning supervisees and clients in clinical supervision: An integrative review. In C. E. Watkins, Jr. (Ed.), *Handbook of psychotherapy supervision* (pp. 447-507). Hoboken, NJ: Wiley.

Emde, R. N. (1981). Changing models of infancy and the nature of early development: Remodeling the foundation. *Journal of the American Psychoanalytic Association, 29*, 179-218. http://dx.doi.org/10.1177/000306518102900110

Emde, R. N. (1983). The prerepresentational self and its affective core. *Psychoanalytic Study of the Child, 38*, 165-192.

Emde, R. N. (1988). Development terminable and interminable. I. Innate and motivational factors from infancy. *International Journal of Psychoanalysis, 69*, 23-42. 50.2005. v919\IS

Ezriel, H. (1952). Notes on psychoanalytic group therapy. II. Interpretation and research. *Psychiatry: Journal for the Study of Interpersonal Processes, 15*, 119-126.

Faerstein, I., & Levenson. H. (2016). Validation of a fidelity scale for accelerated. experiential dynamic psychotherapy. *Journal of Psychotherapy Integration, 26*, 172-185. http://dx.doi.org/10.1037/int0000020

Falender, C. A., & Shafranske, E. P. (2004). *Clinical supervision: A competency. based approach*. Washington, DC: American Psychological Association. http://dx.doi.org/10.1037/10806-000

Falender, C. A., & Shafranske, E. P. (2017). *Supervision essentials for the practice of competency-based supervision*. Washington, DC: American Psychological Association.

Farber, B. A. (2006). *Self- disclosure in psychotherapy*. New York, NY: Guilford Press.

Ferenczi, S. L. (1933). Confusion of tongues between adults and the child (E. Mosbacher, Trans.). In M. Balint (Ed.), *Further contributions to the problems and methods of psychoanalysis* (pp. 156-167). New York, NY: Brunner/Mazel.

Fonagy, P., Steele, M., Steele, H., Moran, G., & Higgitt, A. (1991). The capacity for understanding mental states: The reflective self in parent and child and its significance for secure attachment. *Infant Mental Health Journal, 12,* 201-218. http://dx.doi.org/10.1002/1097-0355(199123)12:3<201:AID. IMHJ2280120307>3.0.CO;2-71010b.al

Fonagy, P., & Target, M. (1998). Mentalization and the changing aims of child psychoanalysis. *Psychoanalytic Dialogues, 8,* 87-114. http://dx.doi.org/10.1080/10481889809539235 1 volinti

Fosha, D. (2000a). Meta-therapeutic processes and the affects of transformation: Affirmation and the healing affects. *Journal of Psychotherapy Integration, 10,* 71-97. http://dx.doi.org/10.1023/A:100942251195999

Fosha, D. (2000b). *The transforming power of affect: A model of accelerated change*. New York, NY: Basic Books. 岩壁 茂・花川ゆう子・福島哲夫・沢宮容子・妙木浩之監訳、門脇陽子・森田由美訳（2017）『人を育む愛着と感情の力 —— AEDPによる感情変容の理論と実践』福村出版

Fosha, D. (2001). The dyadic regulation of affect. *Journal of Clinical Psychology/ In Session, 57,* 227-242.

Fosha, D. (2002). The activation of affective change processes in accelerated experiential-dynamic psychotherapy (AEDP). In F. W. Kaslow & J. J. Magnavita (Eds.), *Comprehensive handbook of psychotherapy: Vol. 1. Psychodynamic/object relations* (pp. 309-343). Hoboken, NJ: Wiley.

Fosha, D. (2004). 'Nothing that feels bad is ever the last step': The role of positive emotions in experiential work with difficult emotional experiences. *Clinical Psychology and Psycho-*

therapy, 11, 30-43.

Fosha, D. (2005). Emotion, true self, true other, core state: Toward a clinical theory of affective change process. *Psychoanalytic Review, 92*, 513-551. http://dx.doi.org/10.1521/prev.2005.92.4.513

Fosha, D. (2006). Quantum transformation in trauma and treatment: Traversing the crisis of healing change. *Journal of Clinical Psychology, 62*, 569-583.

Fosha, D. (2007). Transformance, recognition of self by self, and effective action. In K. J. Schneider (Ed.), *Existential-integrative psychotherapy: Guideposts to the core of practice* (pp. 290-320). New York, NY: Routledge.

Fosha, D. (2008). Recognition, vitality, passion. And love. *Constructivism in the Human Sciences, 12*, 57-77.

Fosha, D. (2009a). Emotion and recognition at work: Energy, vitality, pleasure, truth, desire & the emergent phenomenology of transformational experience. In D. Fosha, D. J. Siegel, & M. F. Solomon (Eds.), *The healing power of emotion: Affective neuroscience, development, clinical practice* (pp. 172-203). New York, NY: Norton.

Fosha, D. (2009b). Healing attachment trauma with attachment (… and then some!). In M. Kerman (Ed.), *Clinical pearls of wisdom: 21 leading therapists offer their key insights* (pp. 43-56). New York, NY: Norton.

Fosha, D. (2009c). Positive affects and the transformation of suffering into flourishing. In W. C. Bushell, E. L. Olivo, & N. D. Theise (Eds.), *Longevity, regeneration, and optimal health: Integrating Eastern and Western perspectives* (pp. 252-262). New York, NY: Wiley-Blackwell.

Fosha, D. (2013a). A heaven in a wild flower: Self, dissociation, and treatment in the context of the neurobiological core self. *Psychoanalytic Inquiry, 33*, 496-523. http://dx.doi.org/10.1080/07351690.2013.815067

Fosha, D. (2013b). Speculations on emergence: Working the edge of transformational experience and neuroplasticity. *International Neuropsychotherapy Magazine, 1*, 120-121.

Fosha, D. (2013c). Turbocharging the affects of healing and redressing the evolutionary tilt. In

D. J. Siegel & Marion F. Solomon (Eds.), *Healing moments in psychotherapy* (pp. 129-168). New York, NY: Norton.

Fosha, D. (2016). *Accelerated experiential dynamic psychotherapy (AEDP) supervision* [DVD]. Washington, DC: American Psychological Association. Available from https://www.apa.org/pubs/videos/4310958.aspx

Fosha, D., & Slowiaczek, M. I. (1997). Techniques to accelerate dynamic psychotherapy. *American Journal of Psychotherapy, 51,* 229-251.

Fosha, D., & Yeung, D. (2006). AEDP exemplifies the seamless integration of emotional transformation and dyadic relatedness at work. In G. Stricker & J. Gold (Eds.), *A casebook of integrative psychotherapy* (pp. 165-184). Washington, DC: 6American Psychological Association. http://dx.doi.org/10.1037/11436-013

Frederick, R. (2005, November 5). AEDP core training course. Presented at the AEDP Institute, San Francisco, CA.

Frederick, R. (2009). *Living like you mean it: Use the wisdom and power of your emotions to get the life you really want.* San Francisco, CA: Jossey-Bass. 花川ゆう子監訳、武田菜摘訳（2022）『感情を癒し、あなたらしく生きる４つのステップ──気づく・鎮める・感じきる・心を開く』福村出版

Fredrickson, B. L. (2001). The role of positive emotions in positive psychology: The broaden-and-build theory of positive emotions. *American Psychologist, 56,* 218-226. http://dx.doi.org/10.1037/0003-066X.56.3.218

Fredrickson, B. L. (2009). *Positivity: Groundbreaking research reveals how to embrace the hidden strength of positive emotions, overcome negativity, and thrive.* New York, NY: Random House. 植木理恵監修、高橋由紀子訳（2010）『ポジティブな人だけがうまくいく３：１の法則』日本実業出版社

Fredrickson, B. L., & Losada, M. F. (2005). Positive affect and the complex dynamics of human flourishing. *American Psychologist, 60,* 678-686. http://dx.doi.org/10.1037/0003-066X.60.7.678

Gendlin, E. T. (1981). *Focusing* (2nd ed.). New York, NY: Bantam Books. 村山正治・都留春

夫・村瀬孝雄訳（1982）『フォーカシング』福村出版

Gendlin, E. T. (1996). *Focusing-oriented psychotherapy: A manual of the experiential method*. New York, NY: Guilford Press.　瀬 孝雄・池見 陽・日笠摩子監訳（1998）『フォーカシング指向心理療法』金剛出版

Goodyear, R. K., & Nelson, M. L. (1997). The major formats of psychotherapy supervision. In C. E. Watkins, Jr. (Ed.), *Handbook of psychotherapy supervision* (pp. 328-344). New York, NY: Wiley.

Greenberg, L. S., & Watson, J. C. (2005). *Emotion-focused therapy for depression*. Washington, DC: American Psychological Association.　岩壁 茂・伊藤正哉・細越寛樹監訳、関屋 裕希・藤里紘子・村井亮介・山口慶子訳（2013）『エモーション・フォーカスト・セラピー入門』金剛出版

Hanakawa, Y. (2011). Receiving loving gratitude: How a therapist's mindful embrace of a patient's gratitude facilitates transformance. *Transformance: The AEDP Journal, 2*, 1-19.

花川ゆう子（2021）『あなたのカウンセリングがみるみる変わる！ 感情を癒す実践メソッド』金剛出版

Harrison, R. L., & Westwood, M. J. (2009). Preventing vicarious traumatization of mental health therapists: Identifying protective practices. *Psychotherapy: Theory, Research, Practice, Training, 46*, 203-219. http://dx.doi.org/10.1037/ a0016081

Hatfield, E., Cacioppo, J., & Rapson, R. L. (1992). Primitive emotional contagion. In M. S. Clark (Ed.), *Emotion and social behavior: Review of personality and social psychology* (Vol. 14, pp. 151-177). Newbury Park, CA: Sage.

Hendel, H. J. (2018). *It's Not Always Depression: Working the Change Triangle to Listen to the Body, Discover Core Emotion, and Connect to Your Authentic Self*. New York, NY: Random House.　井出広幸監訳、山内志保訳（2023）『「うつ」と決めつけないで──本当の自分とつながる「変容の三角形」ワーク』福村出版

Hill, C. E. (2004). *Helping skills: Facilitating exploration, insight, and action* (2nd ed.). Washington, DC: American Psychological Association.　藤生英行監訳、岡本吉生・下村英雄・柿井俊昭訳（2014）『ヘルピング・スキル第2版──探求・洞察・行動のためのこころ

の援助法』金子書房

Hill, C. E. (2009). *Helping skills: Facilitating exploration, insight, and action* (3rd ed.). Washington, DC: American Psychological Association.

Hill, C. E., & Knox, S. (2009). Processing the therapeutic relationship. *Psychotherapy Research, 19*, 13-29. http://dx.doi.org/10.1080/10503300802621206

Hughes, D. (2007). *Attachment-focused family therapy*. New York, NY: Norton.

Iwakabe, S., & Conceição, N. (2015). Metatherapeutic processing as a change-based therapeutic immediacy task: Building an initial process model using a task-analytic research strategy. *Journal of Psychotherapy Integration*. Advance online publication. Retrieved from http://psycnet.apa.org/doi/10.1037/int0000016

Iwakabe, S., & Conceição, N. (2016, June 7). A qualitative study on therapists working at the edge of experience: Therapists' change processes in AEDP training and practice [Webinar]. Presented at AEDP Faculty Hour Online.

Iwakabe, S., Fosha, D., & Edlin, J. (2016, May 23). Proposal for a 16-session AEDP outcome study [Webinar]. Presented at AEDP Faculty Hour Online.

Iwakabe, S., Edlin, J., Fosha, D., Gretton, H., Joseph, A. J., Nunnink, S. E., Nakamura, K., & Thoma, N. C. (2020). The effectiveness of accelerated experiential dynamic psychotherapy (AEDP) in private practice settings: A transdiagnostic study conducted within the context of a practice-research network. *Psychotherapy, 57*(4), 548–561. https://doi.org/10.1037/pst0000344

Iwakabe, S., Edlin, J., Fosha, D., Thoma, N. C., Gretton, H., Joseph, A. J., & Nakamura, K. (2022). The long-term outcome of accelerated experiential dynamic psychotherapy: 6- and 12-month follow-up results. *Psychotherapy (Chicago, Ill.), 59*(3), 431–446. https://doi.org/10.1037/pst0000441

James, W. (1985). *The varieties of religious experience: A study in human nature*. Cambridge, MA: Harvard University Press. (Original work published 1902)　桝田啓三郎訳（1969-70）『宗教的経験の諸相（上・下）』岩波書店

Johanson, G. J. (2014). Somatic psychotherapy and the ambiguous face of research. *Interna-

tional Body Psychotherapy Journal, 13, 61-85.

Johansson, R., Björklund, M., Hornborg, C., Karisson, S., Hesser, H., Ljotsson, B., ⋯ Andersson, G. (2013). Affect-focused psychodynamic treatment for depression and anxiety through the Internet: A randomized controlled trial. *Peer Journal, 1:102.* http://dx.doi.org/10.7717/peerj.102

Johansson, R., Frederick, R. J., & Andersson, G. (2013). Using the internet to provide psychodynamic psychotherapy. *Psychodynamic Psychiatry, 41*, 513-540. http://dx.doi.org/10.1521/pdps.2013.41.4.513

Johansson, R., Hesser, H., Ljotsson, B., Frederick, R. J., & Andersson, G. (2012). Transdiagnostic, affect-focused, psychodynamic, guided self-help for depression and anxiety through the Internet: Study protocol for a randomised controlled trial. *BMJ Open, 2*, 002167. http://dx.doi.org/10.1136/bmjopen-2012-002167.

Jourard, S. M. (1971). *Self-disclosure: An experimental analysis of the transparent self.* New York, NY: Wiley-Interscience.

Kaufman, G. (1996). *The psychology of shame: Theory and treatment of shame-based syndromes.* New York, NY: Springer.

Keltner, D. (2009). *Born to be good: The science of a meaningful life.* New York, NY: Norton.

Kuutmann, K., & Hilsenroth, M. J. (2012). Exploring in-session focus on the patient-therapist relationship: Patient characteristics, process, and outcome. *Clinical Psychology & Psychotherapy, 19*, 187-202. http://dx.doi.org/10.1002/cpp.743

Ladany, N., Hill, C. E., Corbett, M. M., & Nutt, E. A. (1996). Nature, extent, and importance of what psychotherapy trainees do not disclose to their supervisors. *Journal of Counseling Psychology, 43*, 10-24. http://dx.doi.org/10.1037/0022-0167.43.1.10

Ladany, N., Inman, A. G., Hill, C. E., Knox, S., Crook-Lyon, R. E., Thompson, B. J., ... Walker, J. A. (2012). Corrective relational experiences in super-vision. In L. G. Castonguay & C. E. Hill (Eds.), *Transformation in psychotherapy: Corrective experiences across cognitive behavioral, humanistic, and psychodynamic approaches* (pp. 335-352). Washington, DC: American Psychological Association.

Ladany, N., & Walker, 1. A. (2003). Supervisor self-disclosure: Balancing the uncontrollable narcissist with the indomitable altruist. *Journal of Clinical Psychology, 59*, 611-621. http://dx.doi.org/10.1002/jclp.10164

Lamagna, J. (2016). Making good use of suffering: Intra-relational work with pathogenic affects. *Transformance: The AEDP Journal, 6*, 1-15.

Lee, A. (2015). *Building a model for metaprocessing: Exploration of a key change event in accelerated experiential dynamic psychotherapy (AEDP)* (Unpublished doctoral dissertation). Wright Institute, Berkeley, CA.

Levenson. H. (1995). *Time-limited dynamic psychotherapy.* New York, NY: Basic Books.

Lilliengren, P., Johansson, R., Lindqvist, K., Mechler, J., & Andersson, G. (2016). Efficacy of experiential dynamic therapy for psychiatric conditions: A meta-analysis of randomized controlled trials. *Psychotherapy, 51*, 90-104.

Lipton, B. (2013, May 8). *Walking the talk of attachment in AEDP.* Presentation at the AEDP Institute, New York, NY.

Lipton, B., & Fosha, D. (2011). Attachment as a transformative process in AEDP: Operationalizing the intersection of attachment theory and affective neuroscience. *Journal of Psychotherapy Integration, 21*, 253-279. http://dx.doi.org/10.1037/a0025421

Lyons-Ruth, K. (2006). The interface between attachment and intersubjectivity: Perspective from the longitudinal study of disorganized attachment. *Psychoanalytic Inquiry, 26*, 595-616. http://dx.doi.org/10.1080/07351690701310656

Main, M. (1995). Recent studies in attachment: Overview with selected implications for clinical work. In S. Goldberg, R. Muir, & J. Kerr (Eds.), A*ttachment theory: Social, developmental and clinical perspectives* (pp. 407-472). Hillsdale, NJ: Analytic Press.

Main, M. (1999). Attachment theory: Eighteen points with suggestions for further studies (Epilogue]. In J. Cassidy, & P. R. (Eds.), *Handbook of attachment: Theory, research and clinical applications* (pp. 845-888). New York, NY: Guilford Press.

Malan, D. (1999). *Individual psychotherapy and the science of psychodynamics* (2nd ed.). Oxford, England: Butterworth-Heinemann.

Maroda, K. J. (1998). *Seduction, surrender, and transformation. Emotional engagement in the analytic process.* Hillsdale, NJ: Analytic Press.

Maroda, K. J. (2004). *The power of countertransference: Innovations in analytic technique* (2nd ed., rev. & enl.). Hillsdale, NJ: Analytic Press.

Maroda, K. J. (2009). Less is more: An argument for the judicious use of self-disclosure. In A. Bloomgarden & R. B. Mennuti (Eds.), *Psychotherapist revealed: Psychotherapists speak about self-disclosure in psychotherapy* (pp. 17-29). New York, NY: Routledge.

Mayotte-Blum, J., Slavin-Mulford, J., Lehmann, M., Pesale, E., Becker-Matero, N., & Hilsenroth, M. (2012). Therapeutic immediacy across long-term psychodynamic psychotherapy: An evidence-based case study. *Journal of Counseling Psychology, 59*, 27-40. http://dx.doi.org/10.1037/a0026087

McCullough, L. (1997). *Changing character: Short-term anxiety-regulating psychotherapy for restructuring defenses, affects, and attachment.* New York, NY: Basic Books.

McCullough, L., Kuhn, N., Andrews, S., Kaplan, A., Wolf, J., & Hurley, C. L. (2003). *Treating affect phobia: A manual for short-term dynamic psychotherapy.* New York, NY: Guilford Press.

McNeill, B. W., & Stoltenberg, C. D. (2016). *Supervision essentials for the integrative developmental model.* Washington, DC: American Psychological Association.

Miller, S. D., Hubble, M. A., & Duncan, B. L. (2007). Supershrinks: Learning from the field's most effective practitioners. *Psychotherapy Networker, 31*, 36-45, 57.

Miller, W. R., & C'de Baca, J. C. (2001). *Quantum change: When epiphanies and sudden insights transform ordinary lives.* New York, NY: Guilford Press.

Milne, D. (2009). *Evidence-based clinical supervision: Principles and practice.* New York, NY: Wiley.

Milne, D., Aylott, H., Fitzpatrick, H., & Ellis, M. V. (2008). How does clinical supervision work? Using a "best evidence synthesis" approach to construct a basic model of supervision. *Clinical Supervisor, 27*, 170-190. http://dx.doi.org/10.1080/07325220802487915

Moskowitz, S. A., & Rupert, P. A. (1983). Conflict resolution within the supervisory relationship.

Professional Psychology: Research and Practice, 14, 632-641. http://dx.doi.org/10.1037/0735-7028.14.5.632

Murty, V. P., & Adcock, R. A. (2013). Enriched encoding: Reward motivation organizes cortical networks to enhance hippocampal encoding of unexpected I events. *Cerebral Cortex, 24,* 2160-2168.

Norcross, J. C., & Guy, J. D., Jr. (2007). *Leaving it at the office: A guide to psychotherapist care.* New York, NY: Guilford Press.

Norcross, J. C., & Wampold, B. E. (2011). Evidence-based therapy relationships: Research conclusions and clinical practices. *Psychotherapy, 48,* 98-102. http://dx.doi.org/10.1037/a0022161

Pally, R. (2000). *No-ku* London, England: Karnac Books.

Panksepp, J. (1998). *Affective neuroscience: The foundations of human and animal emotions.* New York, NY: Oxford University Press.

Panksepp, J., & Biven, L. (2012). *The archaeology of mind: Origins of human emotions.* New York, NY: Norton.

Panksepp, I., & Northoff, G. (2009). The trans-species core SELF: The emergence of active cultural and neuro-ecological agents through self-related processing within subcortical-cortical midline networks. *Consciousness and Cognition, 18,* 193-215.

Pearson, J. L., Cohn, D. A., Cowan, P. A., & Cowan, C. P. (1994). Earned- and continuous-security in adult attachment: Relation to depressive symptomatology and parenting style. *Development and Psychopathology, 6,* 359-373. http://dx.doi.org/10.1017/S0954579400004636

Piliero, S. (2004). *Clients reflect upon their affect-focused, experiential psycho. therapy: A retrospective study* (Unpublished doctoral dissertation). Adelphi University, Garden City, NY.

Pizer, S. (2012, March). *The analyst's generous involvement: Recognition and the "tension of tenderness."* Paper presented at the Harvard Medical School conference, Boston, MA.

Porges, S. (2009). Reciprocal influences between body and brain in the perception and expression of affect: A polyvagal perspective. In D. Fosha, D. J. Siegel, & M. E. Solomon (Eds.), *The healing power of emotion: Affective neuroscience, development & clinical practice* (pp.

27-54). New York, NY: Norton.

Prenn, N. (2009). I second that emotion! On self-disclosure and its meta-processing. In A. Bloomgarden & R. B. Menutti (Eds.), *Psychotherapist revealed: Therapists speak about self-disclosure in psychotherapy* (pp. 85-99). New York, NY: Routledge.

Prenn, N. (2010). How to set transformance into action: The AEDP protocol. *Transformance: The AEDP Journal, 1,* 1-29.

Prenn, N. (2011). Mind the gap: AEDP interventions translating attachment theory into clinical practice. *Journal of Psychotherapy Integration, 21,* 308-329. http://dx.doi.org/10.1037/a0025491

Prenn, N., & Slatus, J. (2014, January). *True self, true other, true other: Undoing aloneness and co-creating transformational experience in the therapeutic and supervisory relationships.* Workshop presented at St. Luke's Hospital, New York, NY.

Rizzolatti, G., & Craighero, L. (2004). The mirror-neuron system. *Annual Review of Neuroscience, 27,* 169-192. http://dx.doi.org/10.1146/annurev.neuro.27.070203.144230

Rodrigues, C., Conceição, N., Iwakabe, S., & Gleiser, K. (2015, June). *Voicing an AEDP supervision process: a case study on supervision session change processes.* Paper presented at the 31st International Conference of the Society for the Exploration of Psychotherapy Integration, Baltimore, MD.

Roisman, G. I., Padrón, E., Sroufe, L. A., & Egeland, B. (2002). Earned-secure attachment status in retrospect and prospect. *Child Development, 73,* 1204-1219. Retrieved from https://www.researchgate.net/publication/11235443_Earned-Secure_Attachment_Status_in_Retrospect_and_Prospect.

Rønnestad, M. H., & Skovholt, T. M. (2003). The journey of the counselor and therapist: Research findings and perspectives on professional development. *Journal of Career Development, 30,* 5-44. http://dx.doi.org/10.1177/089484530303000102

Russell, E. M. (2007, January 13). Core training presentation. Presented at the AEDP Institute, New York, NY.

Russell, E. M. (2015). *Restoring resilience: Discovering your clients' capacity for healing.* New

York, NY: Norton.

Russell, E. M., & Fosha, D. (2008). Transformational affects and core state in AEDP: The emergence and consolidation of joy, hope, gratitude and confidence in the (solid goodness of the) self. *Journal of Psychotherapy Integration, 18*, 167-190. http://dx.doi.org/10.1037/1053-0479.18.2.167

Safran, J. D., & Muran, J. C. (2000). *Negotiating the therapeutic alliance: A rela-1tional treatment guide.* New York, NY: Guilford Press.

Sarnat, J. E. (2012). Supervising psychoanalytic psychotherapy: Present knowledge, pressing needs, future possibilities. *Journal of Contemporary Psychotherapy, 42*, 151-160. http://dx.doi.org/10.1007/s10879-011-9201-55/

Sarnat, J. E. (2016). *Supervision essentials for psychodynamic psychotherapies.* Washington, DC: American Psychological Association. http://dx.doi.org/ 10.1037/14802-000

Schoettle, E. (2009). *A qualitative study of the therapist's experience practicing accelerated experiential dynamic psychotherapy (AEDP): An exploration of the dyadic process from the clinician's perspective* (Unpublished doctoral dissertation). Wright Institute, Berkeley, CA.

Schore, A. (2001). Effects of a secure attachment relationship on right brain development, affect regulation and infant mental health. *Infant Mental Health Journal, 22*, 7-66. http://dx.doi.org/10.1002/1097-0355 (200101/04)22:1<7::AID-IMHJ2>3.0.CO;2-N

Schore, A. (2009). Right-brain affect regulation: An essential mechanism of development, trauma, dissociation, and psychotherapy. In D. Fosha, D. J. Siegel, & M. F. Solomon (Eds.), *The healing power of emotion: Affective neuro-o science, development & clinical practice* (pp. 112-144). New York, NY: Norton.

Shohamy, D., & Adcock, R. A. (2010). Dopamine and adaptive memory. *Trends in Cognitive Sciences, 14*, 464- 472. http://dx.doi.org/10.1016/j.tics.2010.08.002

Siegel, D. J. (2010). *Mindsight: The new science of personal transformation.* New York, NY: Bantam Books.

Stern, D. N. (1985). *The interpersonal world of the infant: A view from psychoanalysis and developmental psychology.* New York, NY: Basic Books, http://dx.doi.org/ no.10.1176/

ps.37.5.517 小此木圭吾・丸田俊彦監訳（1989/1991）『乳児の対人世界　理論編・臨床編』岩崎学術出版社

Stern, D. N., Sander, L. W., Nahum, J. P., Harrison, A. M., Lyons-Ruth, K., Morgan, A. C., ... Tronick, B. Z. (1998). Non-interpretive mechanisms in psychoanalytic therapy. The "something more" than interpretation. *International Journal of Psycho-Analysis, 79*, 903-921.

Tomkins, S. S. (1962). *Affect, imagery; and consciousness: Vol. 1: The positive affects*. New York, NY: Springer.

Tronick, E. Z. (1989). Emotions and emotional communication in infants. *American Psychologist, 44,* 112-119. http://dx.doi.org/10.1037/0003-066X.44.2.112

Tronick, E. Z. (1998). Dyadically expanded states of consciousness and the pro. cess of therapeutic change. *Infant Mental Health Journal, 19*, 290-299.

Tronick, E. Z. (2003). "Of course all relationships are unique": How co-creative processes generate unique mother-infant and patient-therapist relationships and change other relationships. *Psychoanalytic Inquiry, 23,* 473-491.

Tronick, E. Z. (2009). Multilevel meaning making and dyadic expansion of consciousness theory: The emotional and the polymorphic polysemic flow of meaning. In D. Fosha, D. J. Siegel, & M. F. Solomon (Eds.), *The healing power ofemotion: Affective neuroscience, development & clinical practice* (pp. 86-111). New York, NY: Norton.

Tronick, E. Z., Bruschweiler-Stern, N., Harrison, A. M., Lyons-Ruth, K., Morgan, A. C., Nahum, J. P., ... Stern, D. N. (1998). Dyadically expanded states of consciousness and the process of therapeutic change. *Infant Mental Health Journal, 19,* 290-299. http://dx.doi.org/10.1002/(SICI)1097-0355(199823)19:3<290::AID-IMHJ4>3.0.CO;2-Q

Tugade, M. M., & Fredrickson, B. L. (2004). Resilient individuals use positive emotions to bounce back from negative emotional experiences. *Journal of Personality and Social Psychology, 86,* 320-333. http://dx.doi.org/10.1037/0022-3514.86.2.320

Wachtel, P. (1997). *Psychoanalysis, behavior therapy, and the relational world.* Washington, DC: American Psychological Association. http://dx.doi.org/10.1037/10383-000　杉原保史訳（2002）『心理療法の統合を求めて――精神分析・行動療法・家族療法』金剛出版

Wallin, D. (2007). *Attachment in psychotherapy.* New York, NY: Guilford Press. 津島豊美訳（2011）『愛着と精神療法』星和書店

Watkins, C. B., Jr. (1997). Defining psychotherapy supervision and understanding supervision functioning. In C. E. Watkins, Jr. (Ed.), *Handbook of psychotherapy supervision* (pp. 3-10). New York, NY: Wiley.

Watkins, C. E., Jr. (2012). Psychotherapy supervision in the new millennium: Competency-based, evidence-based, particularized, and energized. *Journal of Contemporary Psychotherapy, 42,* 193-203. http://dx.doi.org/10.1007/ s10879-011-9202-4

Watkins, C. E., JI., Budge, S. L., & Callahan, J. L. (2015). Common and specific factors converging in psychotherapy supervision: A supervisory extrapolation of the Wampold/Budge psychotherapy relationship model. *Journal of Psychotherapy Integration, 25,* 214-235. http://dx.doi.org/10.1037/a0039561

Watkins, C. E., Jr., & Milne, D. L. (2014). *The Wiley international handbook of clinical supervision.* New York, NY: Wiley.

Watkins, C. E., Jr., & Riggs, S. A. (2012). Psychotherapy supervision and attachment theory: Review, reflections, and recommendations. *Clinical Supervisor, 31,* 256-289. http://dx.doi.org/10.1080/07325223.2012.743319

Winnicott, D. W. (1960). The theory of the parent-infant relationship. *International Journal of Psychoanalysis, 41,* 585-595.

Winnicott, D. W. (1965). Ego distortion in terms of true and false self. *The maturational process and the facilitating environment: Studies in the theory of emotional development.* New York, NY: International Universities Press. 大矢泰士訳（2022）『完訳 成熟過程と促進的環境——情緒発達理論の研究』岩崎学術出版社

Yeung, D. (2010). Transformance and the phenomenology of transformation: Self-transcendence as an aspect of core state. *Transformance: The AEDP Journal, 1.*

Yourman, D. B., & Farber, B. A. (1996). Nondisclosure and distortion in psychotherapy supervision. *Psychotherapy: Theory, Research, Practice, Training, 33,* 567-575. http://dx.doi.org/10.1037/0033-3204.33.4.567

索引

◆人名

アルパート，マイケル　25, 26
岩壁, S.　21, 96, 182, 193, 195, 196
ウィニコット，ドナルド　24, 52, 74, 152
ウェストウッド, M. J.　179
エドリン, J.　21, 96, 196
オシアソン，ジェナ　21
カウフマン，ゲルシェン　101
クーパー，アン　21
グラヴィン，マイケル　31, 38, 40, 85, 100, 179, 198
グレイザー，カリ　21, 29
コルベット, M. M.　189
コンセイサオ, N.　21, 96, 107, 193, 195, 196
シェトル，エリザベス　21, 57, 173
シャピロ，スティーヴン　21
スーター，バーバラ　21
ストルテンバーグ, C. D.,　169
スレイタス，ジェシカ　21
ダーバンルー，ハビブ　24, 25
タネル，ギル　21
ダンカン, B. L.　186

トリンブル，デール　21
ナット, E. A.　189
ノックス, S.　188
花川，ゆう子　21
ハブル, M. A.　186
ハリソン, R. L.　179
パンクセップ, J.　39
パンドーマーズ，カレン　21
ヒューズ，ダン　39
ピリエロ，スーアン　21
ヒル, C. E.　188, 189
ファーバー, B. A.　189
フレデリック，ロン　21, 28, 30, 178, 192
フレドリクソン，バーバラ　185, 186
ヘンデル，ヒラリー・ジェイコブス　21, 24, 199
ボウルビィ, J.　39
ボラス，クリストファー　75, 152, 153
マーズ，デイヴィッド　21
マーソレイス，ミリアム　21
マクニール, B. W.　169
マッカロー，リー　25
マラン，デイヴィッド　24, 25, 53
ミラー, S. D.　186, 191

モスコウィッツ, S. A.　190
ヤング, ダニー　21, 193
ユアマン, D. B.　189
ヨハンソン, グレッグ　184
ラダニー, N.　189
ラッセル, アイリーン　21, 75
ラマーニャ, ジェリー　21
リー, A.　21, 193
リプトン, ベン　9, 21, 28, 30, 178
ルパート, P. A.　190
レヴェンソン, ハンナ　21, 38, 43, 155, 164, 194, 198
ワトキンス, C. E., Jr　182, 186

◆ A-Z

AEDP　※特定の項目も参照
　治療モデル　22-23
　の初期のつながり　21
　の発展　20-21
AEDP-FS→「AEDP介入忠実性尺度」参照
AEDP介入忠実性尺度（AEDP-FS）　29
　と研究　183, 194-195
　とビデオ録画　148
　における目標の合意　187
　の機能　146
　を用いたセルフ・スーパービジョン　154-157
AEDP研究所　20, 155, 174-175
AEDPスーパービジョン　※特定の項目も参照　32-72
　安全性と探索　34, 39-40
　エネルギーを与えるような－／活気づける　121, 145, 164, 184
　エビデンスに基づく　183-184
　協働的スタンス　36, 77, 105, 125
　研究の裏づけ　※研究の裏づけ、AEDP

　　の　項を参照
　肯定　40-45, 47
　孤独を打ち消す　45-46
　個別化された　183
　瞬時ごとのトラッキング　33-36, 38, 47-48, 51, 60, 80-82, 98, 115, 172, 180, 192
　称賛し、喜ぶ　47
　初回セッションにおけるはじまりの瞬間　33-39
　真の自己と真の他者、ニーズへの応答性　52
　信頼、希望、畏怖、驚嘆　184
　スーパービジョン的即時性　188-190
　知識　53-59
　特徴　19
　トランスフォーマンス　41, 46, 47, 118, 137
　能力　59-72
　場面の詳細な分析（マイクロ分析）　100-146
　変容プロセスの4ステイトマップ　50-51
　変容を喚起する－　192-196
　ポジティブ状態の共有　40-45
　ポジティブの優先　175
　メタプロセシング　34-37, 40-45, 48-50
　モデル　22-23
　リスクテイキング　23, 39-45, 124
AEDPのスキル　73-99
　新しい体験を優先する　36
　関係的スキル　86-89
　瞬時ごとのトラッキング　80-82
　情動および感情に焦点化したスキル　89-95
　スーパービジョン関係　73-77
　体験的スキル　78-85

統合的および内省スキル　95-99
トランスフォーマンスの探知／発見　41, 46, 51, 134, 175
ポジティブを優先する　85-86
メタセラピューティック・プロセシングもしくはメタプロセシング　95-96
APA→アメリカ心理学会
DVD「Accelerated Experiential Dynamic Psychotherapy（AEDP）Supervision」　38, 85
STDP（短期力動療法）　21
Time-Limited Dynamic Psychotherapy（ハンナ・レヴェンソン）　164
Transformance: The AEDP Journal誌　29, 178

◆あ行

アイコンタクト　77
足場をつくる／プラットフォーム化する　96, 99, 152, 155
遊び心　39
アタッチメント・スタイル
　　安定型／安定的な　23, 37
　　回避型・軽視型　166, 167
　　回避型　37
　　獲得安定型　22, 23, 37, 45
　　とらわれ型・不安型　166-167
　　不安型　37, 165-166
　　不安定型／無秩序型　37, 166-167
アタッチメント理論と研究
　　アタッチメント・スタイル　37
　　アタッチメント・スタイルにおける困難　165-168
　　影響　19, 27
　　関係性のスキル　86-87
　　関連性　22

研究　185
孤独　45-46
受容感情能力、体験　34-35
アタッチメントをベースにしたスタンス
　　スーパービジョンにおける−　22, 36, 37, 45-46, 75, 135
　　セラピーにおける−　22, 28, 45-46, 101, 178, 190
新しい体験を優先する　36
新しさ、新奇性　60, 63-64
　　体験を探索することの重要性　64
アメリカ心理学会（American Psychological Association: APA）　8, 68, 184
安全性／安全感
　　感情的な−　23, 34
　　共創　34, 37, 124
　　グループスーパービジョンにおける−　157
　　探索　23, 34, 39-40
安定型アタッチメント
　　孤独を打ち消す　45
　　自己開示　88
　　心理療法の関係における−　23
　　スーパービジョン関係における−　37
一貫性のある語り　130, 143
　　コアステイト（State 4）　59
今ここ　54, 60, 67, 80, 82, 120, 129, 136, 148, 177
イメージ　92
癒やし（非病理）志向　19, 21, 26, 30, 46
癒やし　49, 185
右脳対右脳のコミュニケーション　20, 71
エントリー・ポイント　82
オキシトシン　39-40, 77
　　とドーパミン　39-40
思いやり　22

◆か行

介入の言葉づかい　79-80
回避的なアタッチメント・スタイル　※アタッチメント理論と研究も参照　37
学習理論　22-23
獲得安定型アタッチメント　22, 23
葛藤　187, 188, 190-191
葛藤の三角形　24
歓迎するスタンス　85
関係性感情　59
関係性体験　23, 52-55, 59, 64, 135
　　　　に焦点を当てる　73
関係性のプロセス　36-38, 73-77, 168-169
関係的スキル　86-89
　　関係性のメタプロセシング　173
　　協働へと招き入れる　173
　　許可をとる　36, 37, 68, 149
　　肯定　40-45, 47
　　自己開示　※自己開示を参照
　　「私たち」という言葉遣い　86-87

感情
　　関係性−　59
　　コア−　27, 51, 55, 56, 104, 109, 114, 139
　　修得−　58, 184
　　ヒーリング−　58
　　変容−　51, 84, 140, 143, 145, 184
感情および情動に焦点化したスキル　89-95
　　介入のモデリング　92
　　伝え返しを用いた傾聴から体験探索への転換　89-91
　　ポートレイヤル　92-95
感情理論　19, 26-27
感情を帯びた言葉　88, 90, 169, 173

感情処理　178
感情的共鳴／共鳴／合致　27, 71, 121, 124, 145, 146
感情焦点化技術　89-95
感情神経科学　19, 78-79, 185
　　右脳的気持ち／右脳の内的感覚　20, 28, 32, 70-71, 79, 136, 193
　　左脳思考　28, 32, 49, 79, 136, 139
　　前頭前皮質の思考　78
　　辺縁系の体験　68
感情的関わり　26
関与／関わり　40, 98, 144, 164, 179
　　感情的な　21-23, 26, 45
　　記述　151-161
傷つきやすさ　23, 88
気づき、つかむテクニック　82, 91, 96
気づき／認知　38
　　ぴったりくる−の感覚／カチッとスイッチが入るような　28, 59
教育と治療の線引き　67, 178
共感　21, 26, 180, 187
共感による働きかけ　22, 26
協働　173, 187
協働的なスタンス／ふたりでどのように取り組むか　36, 37, 77, 105, 125
共鳴　※感情的共鳴を参照
共鳴現象　20
許可をとる、許可をとるスキル　35-37, 61, 65, 68, 83, 97, 149, 173
亀裂　40, 188
記録
　　ビデオ録画　150-151
　　変容の−　20
クライエントに対する瞬時ごとのトラッキング　192
　　概観　47-48, 80-82
　　気づきの瞬間／認知の瞬間　38
　　ケース場面の中での−　115, 128, 141

索引

　　スーパービジョンにおける即時性　189
　　スーパービジョンの中の－と困難　164, 173
　　スーパービジョンの中の－と説明　151-152
　　スキル　80-82, 151
　　能力としての－　60
グループスーパービジョン　157-161
訓練生の障害　168-169
ケア
　　関係性のテクニックにおける－　26
　　セルフ－　174-181
限界学習　186
研究の裏づけ、AEDPの
　　アカウンタビリティ　186-187
　　効果的なスーパービジョンに不可欠な資質　183-186
　　スーパービジョン　182-197
　　スーパービジョンにおける共通要因　187-191
　　卓越さ　191-192
　　変容を喚起するスーパービジョンに関する　192-197
現象学　83-85
コア感情／コア感情体験　※感情も参照　27, 51, 55, 56, 104, 109, 114, 139
コアステイト　51, 59
効果研究　186
好奇心　152
肯定
　　AEDPの質的研究における－　196
　　概観　40-45, 47
　　気づきの瞬間／認知の瞬間　38
　　ケース事例の中の－　85, 123
　　スーパービジョンにおける課題　173
興奮　85
声に出して考える　96
孤独を打ち消す　22, 37, 86

　　アタッチメントに基づくスタンスで－　45-46
　　クライエントの－　23
　　スーパーバイジーの－　23
コミュニティ、AEDPの　179-180
困難　163-173
　　訓練生の経験レベル　169-170
　　経験ある訓練生の－　170
　　異なるアタッチメント・スタイルにおける－　165-168
　　スーパービジョンにおける違い　164-165
　　スキルの欠如／訓練生の能力欠如による－　168-169
　　よくある－を示した事例　171-173
コンパッション　26
コンピテンシー　183

◆さ行

最小化　58
作業同盟　187, 189
時間を限定する、スキル　42, 43, 85
自分の体験の自己開示　87
自己開示
　　ケース逐語の中での－　34-35, 135, 145
　　スーパービジョンの共通因子としての－　187-188
　　スーパービジョンの即時的な一面としての－　189-190
　　と安定型アタッチメント　23, 45
　　とスーパービジョンにおける困難　173
　　の概観　87-89
　　の機能　34-37
自己中断　84
自己の異なる部分について言及する理論的捉

225

え方（parts language） 167-168
自己の本心の自己開示 88
　　自己開示 88
　　自己開示とメタプロセシング 89
自己悲嘆 58
自己への気づき 180
支持的（supportive） 26
自信 47, 85, 100, 124, 169, 176
実証に基礎をおくスーパービジョン 183, 185
質的研究、AEDPに関する 195-196
修正関係体験 23, 59-60
修正感情体験 23
集中的短期力動療法 21
修得感情 ※変容感情も参照 58, 184
修復 ※波長合わせの中断も参照 27, 40, 85, 98
重要な体験としての「変な感じ」 64-66
熟練者 170
受容感情能力 34-35
　　拡張 60, 71
　　体験 42, 63
称賛する（技法） 47
情動／感情
　　完了までプロセシングする 67, 84
　　作業する方法 25-26
　　作業するための体験的テクニック 54-58, 89-95
　　ステイト2の作業 51
　　体験の三角形と－ 53-55
　　適応的な行動傾向 51, 93
　　プロセシング 67
情動的な関わり 21-23, 45
情動伝染 20
小人数のグループスーパービジョン 157-161
真実の感覚、コアステイトのマーカーとしての 51

真の自己 52, 75
真の自己－真の他者の関係 75
真の他者 52, 75
神経生理学 ※情動神経科学を参照
神経可塑性 185
身体志向の治療法 19
スーパーシュリンクス、卓越したセラピスト 191
スーパーバイザーの成長とセルフケア 174-181
　　アシスタント 175-177
　　訓練プログラム 177-181
スーパーバイザーのための訓練プログラム 177-181
スーパーバイザーのリスクテイキング 23, 39-45, 124
スーパービジョン ※AEDPスーパービジョンの項も参照
　　エネルギーを与える－／エネルギーが出る／力づける－／活気づける 121, 145, 164, 184
　　エビデンスベースの－ 183, 184
　　個別化された－ 183
　　信頼、畏怖、希望と驚嘆 184
　　スーパービジョンの即時性 188-189
　　変容を喚起する－ 192-197
スーパービジョン関係 37, 40
スーパービジョンでのスタンス 22, 33, 73-74, 76-77
　　アタッチメントにベースをおく－ 45-46
　　歓迎する 77, 85
　　共創的な 34, 36, 37, 77, 100, 117, 124, 134, 150, 165, 187
　　協働的な 36, 37, 77, 105, 125
　　協働で 175
　　クライエントが「セラピストの心に存在している」 77

            肯定的な－　　45-47, 77, 85, 93, 196
            祝福する　　85
            称賛する　　45-47, 77
            スーパーバイジーに喜びを感じる／喜び
                37, 45-47, 61, 77, 85, 196
            二者間の情動調整　　21, 185, 187
            認証する　　77, 85, 196
            ミラーリングだけでなく　　77
    スーパービジョンにおける統合的成長モデル
        169
    スーパービジョンのアカウンタビリティ　　148,
        186-187
    スーパービジョンの関係性、中心性　　73-77
    スーパービジョンの共通要因　　187-191
    スーパービジョンの作業同盟　　187, 189
    スーパービジョンの即時性　　188-189
    スーパービジョンの二者関係　　37-38, 124,
        129
            の独自性　　184
    スキル
            関係性のメタプロセシング　　86-89
            内省の　　95-99
    スキルの欠如　　168-169
    スタンス
            スーパーバイザーの－　　76-77
            スーパービジョンの－　　22, 33, 73-74,
                76-77
            治療的　　26
    ステイト　　※変容プロセス、現象の項も参照
            ステイト1の作業　　53-58
            ステイト2の作業　　53-58
            ステイト3の作業　　58-59
            ステイト4の作業　　59
    すべてを言う　　87
    成功に焦点を当てる　　85-86
    精神内的危機　　21
    精神病理　　23, 45
            病理に基礎をおく思考 対 癒やし指向

                21
            孤独を打ち消す　　23
    積極的な楽観主義　　180-181
    セッション記録　　150
    セラピストの行動を述べていく　　96, 107,
        196
    セラピストの自己、スーパーバイジーの自己
        59, 194
    セラピストの自己を拡張する　　75, 93, 144-
        145, 167
    セルフケア　　174-181
    セルフ・スーパービジョン　　154-157
    宣言的知識　　183
    専門能力発達　　195

◆た行

体験
            新しく／新奇な－　　36, 60, 63
            形にならない－　　63
            関係性の－　　23, 52-54, 59, 63, 73, 135
            感情の－　　52, 55, 59
            修正感情－　　23
            身体的な－　　51
            トランスフォーマンス　　46-47, 133-
                134, 137
            内臓感覚の－　　25-26
            変化　　63
            変容　　39, 49-50
            本当の感情－　　23
            メタセラピューティック・プロセシング
                において－と内省を交互に行う
                49, 58-59, 67, 89-91
            よい－　　36-37
    体験の　　196
    体験の三角形　　※変化の三角形も参照
            概要　　53-58

ケース逐語における　　104, 106
　　　三角形の上の作業　※不安、防衛の項も
　　　　　参照　57-58
　　　スーパーバイジーを－にプロットする
　　　　　57
　　　セッションノートでの　　151
　　　体験の三角形の上　※不安、防衛の項を
　　　　　参照　78
　　　体験の三角形の下　※感情の項も参照
　　　　　78
体験的な作業　　19, 28, 60, 78-79
体験的なスキル　　78-85
　　　エントリー・ポイント　　82
　　　瞬時ごとのトラッキング　　80-82
　　　スローダウンする　　78
　　　潜在的なものを顕在・具体化させ、顕在
　　　　化されたものを体験的にする　　82
　　　体験的な言語　　78-79
　　　ポジティブを優先する　　85-86
体験的な探索　　89-91
体験的な方法　　36-38, 148, 190-191
体験的なモデリング　※モデリングも参照
　　123
対人的神経生物学　　185
対人的なマインドフルネス　　180
代理トラウマ　　179
卓越　　191-192
他者に頼れない　　58
助けること／手助け　　33, 59, 71, 103
楽しみ　　85-86
短期力動療法　　21
探索　　39-40
　　　安全性と－　　23, 34, 39-40
探索行動システム　　39
探索システム　　39
知識
　　　宣言的－　　32, 183
　　　手続き的－　　64, 68, 73, 82, 183, 197

　　　得るためのゴール　　53-59
知性化　　58
中断　　84, 98, 153
中立性　　22, 87
町人貴族（モリエール）　　107
直面化　　21, 26
治療的即時性　　188
治療同盟　　179
ついていくことと、リードすること　　190
2ステップの介入　※メタセラピューティッ
　ク・プロセシング、メタプロセシングも
　参照　81
テクノロジー、ビデオ録画　　149
手続き的知識　　183
伝染、情動　　20
統合的・内省スキル　　95-99
　　　足場をつくる／ナレーションする　　96
　　　具体的なフィードバックをスーパーバイ
　　　　ジーから引き出す　　95-99
　　　「声に出して考える」　　96
　　　メタプロセシング（あるいはメタセラ
　　　　ピューティック・プロセシング）
　　　　95
ドーパミン　　39-40
　　　とオキシトシン　　39-40
トラウマ研究　　19
とらわれ型アタッチメント　　166
トランスフォーマンス
　　　概要　　46
　　　ケース逐語の中の－　　133-134
　　　体験　　47, 133-134, 137
　　　定義　　41脚注3，46
　　　ポジティブ感情、ポジティブな身体－情
　　　　動マーカー　　133-134
　　　焦点を当てる　　47
　　　探知／探索／発見　　41, 46, 51, 134,
　　　　175

◆な行

内省／反映／振り返り
　　体験と交互に行われる－　　49
　　メタセラピューティック・プロセシング
　　　におけるー　　21, 27, 38-39, 52
　　体験を交互に行う　　58-59, 68, 89-91
内省スキル　　95-99
内的体験　　173
何かを「得た」こと、「もっていなかったこと」
　　に対する　※自己悲嘆を参照　　59
ナラティブ、筋の通った　※コアステイトも
　　参照　　59
ナレーション　　96, 152
ニーズへの応答性　　52
二者間での情動調整　　21, 77, 185
認証　　85, 196
認知の拡張　　185
脳神経科学　　19, 185
能力（コンピテンス）　　53, 59-72, 154-157
ノート、セッション　　151
ノーマライゼーション　　33-34, 36, 41, 56, 58, 120, 172

◆は行

バーンアウト
　　コミュニティ　　179-181
　　スーパーバイザーのバーンアウト予防　　179
　　優れた共感　　180
　　積極的な楽観主義　　180
　　マインドフルな自己への気づき　　180
ハコミセラピー　　184
恥　※恥を刺激しない厳密さも参照　　44, 86, 100, 101
　　恥に対する予防接種　　101
　　恥をかかせない介入／恥への対抗　　117, 125, 129, 133, 190
恥を刺激しない厳密さ　　154-157
波長合わせ　　98
発達モデル　　19
発達研究　　185
話し合うこと　　196
ヒーリング感情　　58
非言語コミュニケーション
　　瞬時的トラッキング　　82
　　トラッキング　　48
　　ネガティブなフィードバックを引き出す　　98-99
ビデオ録画　　148-151
　　記録　　150-151
　　初期の抵抗、不安　　149
　　に関する研究の裏づけ　　185
　　テクノロジー　　149
　　を使ったアカウンタビリティ（説明責任）　　186-187
　　を見るスキル　　149
　　を使う　　20
　　を使ってクライエントに波長合わせをする　　191-192
人を育む愛着と感情の力　AEDPによる感情変容の理論と実践（ダイアナ・フォーシャ）　　20, 24-25
評価　　151-161, 186-187
　　代替手段　　151-161
不安　　53-58, 163, 193
　　からのシフト　　24
　　サイン　　55-58
　　ステイト1　　50, 53-58
　　セラピストの反応　　56-58
　　体験の三角形上の－　　54
　　体験の三角形と－　　53-58

229

調整　34, 44
　　不安なスーパーバイジーの事例　157-161
不安型アタッチメント　※アタッチメント理論と研究の項も参照　37, 166
不安定型／無秩序型アタッチメント　※アタッチメントスタイルの項も参照　37, 166-167
フィードバック　192
　　アカウンタビリティ　186-187
　　具体的なことを引き出す　95-99
　　クライエントに波長合わせする　191
　　経験ある訓練生　171
　　スーパーバイザーのアシスタントへの－　175-176
　　ビデオ動画を使った－　148
フェルトセンス　20, 51, 75, 183
プライドと喜び　58
並行プロセス　112, 178
変化
　　変化の体験のメタプロセシング　49
　　変化を基礎とするオリエンテーション　20, 46
変化の三角形　※葛藤の三角形、体験の三角形も参照　24
変化のプロセス　20
変化のメカニズム／変容メカニズム　46, 193
変化の瞬間／変容の瞬間　49, 100, 119-120, 126, 128, 131, 136-141, 144-145, 154
変容
　　スーパーバイジーの－　30
　　スーパービジョンでの－　30
　　スーパービジョンの二者関係における－　30
　　の体験　39, 50
　　の体験をメタプロセシングする　49
変容研究　185

変容プロセス、変容プロセスの現象　48-51, 83-85, 184
　　ステイト1　50, 84
　　ステイト2　50-51, 84
　　ステイト3　51, 84
　　ステイト4　51, 84
変容プロセスの現象学　50-51, 83-85
変容プロセスの地図　50
　　ステイト1　50, 53-58
　　ステイト2　50-58
　　ステイト3　50-51, 58-59
　　ステイト4　50-51, 58-59
変容感情　51, 84, 140, 143, 145, 184
　　自己悲嘆感情　58
　　修得感情　58, 184
　　認識感情　58-59
　　ヒーリング感情　50, 58
変容を喚起する－スーパービジョン　192-197
防衛　53-58, 163, 166, 171
　　アタッチメント・スタイルごとに典型的な防衛　55-56
　　過剰調整のクライエントに典型的な－　55-56
　　作業する方法　55-58
　　ステイト1の作業　87-58
　　体験の三角形と－　53-58
　　調整不足のクライエントに典型的な－　55
ポータブルハードドライブ　149
ポートレイヤル（技法）　92-95
ポジティブ感情の拡張－形成理論　121, 144, 185
ポジティブ感情
　　ケース場面の中での－　100, 109, 121, 127-130
　　シフト　51
　　身体－感情マーカー　※マーカーも参照

　　　　51, 109, 114, 117, 121, 127, 129-
　　　　130, 141, 143, 184
　　探索　39
　　波長合わせ　32, 49, 85, 184
　　メタセラピューティック・プロセシング
　　　　58-59
ポジティブ状態の共有　40-45
ポジティブを優先する　21-22, 46-47, 85-
　　86, 175
　　歓迎し、肯定し、認証し、喜び、称賛す
　　　　る　85-86
　　興奮を探索し、拡張し、つかう　85
ボトムアップ　32, 78-79

◆ま行

マーカー
　　トランスフォーマンスの−　133
　　変容の−　51, 117
　　変容マーカー　141, 143
　　ポジティブな身体−感情−　51, 109,
　　　　114, 117, 121, 127, 129-130, 141,
　　　　143, 184
マインドフルな自己への気づき　180
眼差し　77
ミラーニューロン　20, 71
ミラーリング　77
顕在・具体化させ（潜在的なものを顕在・具体
　　化させる）　47, 60, 62, 68, 82, 86, 87
メタセラピューティック・プロセシング、ある
　　いはメタプロセシング
　　AEDPについての質的実証研究における
　　　　−　196
　　概観　34-37, 40-45, 48-49
　　ケース場面における−　144
　　自己悲嘆の　58
　　新奇性の高い体験の−　64

　　ステイト3の作業　51, 58-59
　　スーパーバイザーとスーパーバイジーの
　　　　葛藤　190-191
　　スーパービジョンにおける−と困難　173
　　スーパービジョンにおける−と説明　151-
　　　　152
　　治療的即時性　188
　　統合的・内省スキルとしての−　95
　　2つのステップによる介入　81
　　ポジティブ感情　121
　　メタ情動的　173
　　メタ身体的　88
　　メタ認知的　89
　　目的としての−　58-59
　　リサーチの裏づけ　184, 193
メンタリング　178
目標の合意　187
モデリング／モデルとして見せる／手本　36,
　　62, 67, 92-93, 98, 123, 151

◆や行

有効性研究　194-195
よい体験を優先する　36
擁護　105
　　クライエントのための（クライエントの
　　　　自己のための）　105
抑うつ　193
喜ぶ（技法）　47, 85, 196
弱さ、無防備さ　36, 196

◆ら行

楽観主義、積極的な　180-181
リスクテイキング
　　概観　40-45
　　ケース場面での　124

231

と安全性　38
　　　のための安定的アタッチメント　23
レジリエンス　32, 185
録画する、ビデオを　※ビデオ録画を参照

◆わ行

ワークショップ　19
私主語　97, 116, 123, 152-153
私たち感　86

著者・監訳者・訳者紹介

▶著者
ナターシャ・プレン　Natasha C. N. Prenn, LCSW
AEDP 研究所シニア・ファカルティ
　　AEDP エッセンシャル・スキル・コースとアドバンスド・スキル・コースのパイオニアであり、アメリカ内外のセラピストのトレーニングに従事。ニューヨーク市での臨床に加え、AEDP の個人およびグループ・スーパービジョンを提供し、スーパーバイザー・トレーニングや執筆グループも運営している。*Transformation: The AEDP Journal* 創刊共同編集者。

ダイアナ・フォーシャ　Diana Fosha, PhD
AEDP 開発者、AEDP 研究所創設者・ディレクター
　　著書に *The Transforming Power of Affect: A Model for Accelerated Change*（2000 年、邦題『人を育む愛着と感情の力——AEDP による感情変容の理論と実践』2017 年、福村出版）、*The Healing Power of Emotion: Affective Neuroscience, Development & Clinical Practice*（2009 年、D. シーゲル、M. ソロモンとの共編著）などがある。また、神経可塑性、認知科学、発達的ダイアド研究を体験療法やトラウマ治療に統合した論文も多数執筆。ニューヨークを拠点に活動し、世界中で教えている。

▶監訳者
岩壁　茂
立命館大学総合心理学部教授

花川ゆう子
臨床心理学博士、ニューヨーク州認定 クリニカルサイコロジスト、AEDP 研究所シニア・ファカルティ、AEDP JAPAN 創設者・ディレクター

山﨑和佳子
iEFT Japan カウンセラー、臨床心理士、公認心理師

▶訳者
木村友馨／河野恵花／中村香理／野田亜由美／向井瑛里
お茶の水女子大学大学院人間文化創成科学研究科（当時）／臨床心理士・公認心理師

AEDPスーパービジョン 実践ガイドブック
カウンセラーの孤独を打ち消し勇気を引き出すアプローチ

2024年9月10日 初版第1刷発行

著 者	ナターシャ・プレン　ダイアナ・フォーシャ
監訳者	岩壁　茂　花川ゆう子　山﨑和佳子
発行者	宮下基幸
発行所	福村出版株式会社
	〒104-0045　東京都中央区築地4-12-2
	電話　03-6278-8508／FAX　03-6278-8323
	https://www.fukumura.co.jp
印　刷	株式会社文化カラー印刷
製　本	協栄製本株式会社

©2024 Shigeru Iwakabe, Yuko Hanakawa, Wakako Yamazaki
Printed in Japan　ISBN978-4-571-24116-1　C3011
落丁・乱丁本はお取替えいたします
定価はカバーに表示してあります
本書の無断複製・転載・引用等を禁じます

福村出版◆好評図書

D. フォーシャ 著／岩壁 茂・花川ゆう子・福島哲夫・沢宮容子・妙木浩之 監訳／門脇陽子・森田由美 訳
人を育む愛着と感情の力
●AEDPによる感情変容の理論と実践
◎7,000円　ISBN978-4-571-24063-8　C3011

変容を重視した癒やしの治療モデルAEDP（加速化体験力動療法）。創始者ダイアナ・フォーシャによる初の解説書。

R. J. フレデリック 著／花川ゆう子 監訳／武田菜摘 訳
感情を癒やし，あなたらしく生きる4つのステップ
●気づく・鎮める・感じきる・心を開く
◎2,400円　ISBN978-4-571-24101-7　C0011

感情的苦痛を和らげ，うつ，社会不安に治癒効果をもたらす「感情的マインドフルネス」をわかりやすく解説。

H. J. ヘンデル 著／井出広幸 監訳／山内志保 訳
「うつ」と決めつけないで
●ほんとうの自分とつながる「変容の三角形」ワーク
◎3,000円　ISBN978-4-571-24110-9　C0011

トラウマや過去の確執による強い感情を乗り切り自分を取り戻す「変容の三角形」のワークを分かりやすく解説。

T. D. イールズ 著／津川律子・岩壁 茂 監訳
心理療法における ケース・フォーミュレーション
●的確な臨床判断に基づいた治療計画の基本ガイド
◎4,500円　ISBN978-4-571-24095-9　C3011

クライエントが直面する問題を特定し，それらの問題に対処する計画策定のための単純明快な方法を示す書。

手島将彦 著
アーティスト・クリエイターの心の相談室
●創作活動の不安とつきあう
◎2,400円　ISBN978-4-571-24112-3　C0011

音楽・美術・演劇・動画などに携わるアーティスト・クリエイターの悩みに，経験豊富なカウンセラーが回答。

C. ソレール 著／松本卓也・河野一紀・N. タジャン 訳
情動と精神分析
●ラカンが情動について語ったこと
◎3,800円　ISBN978-4-571-24115-4　C3011

ラカン的精神分析の第一人者によるラカン理論を通じた情動論。ラカンが随所で論じた諸々の情動論をひも解く。

髙橋靖恵 著
心理臨床実践において「伝える」こと
●セラピストのこころの涵養
◎2,300円　ISBN978-4-571-24113-0　C3011

心理臨床の基本である「伝える」とは何か。40年にわたる心理臨床実践者，33年にわたる大学教員としての思考。

◎価格は本体価格です。